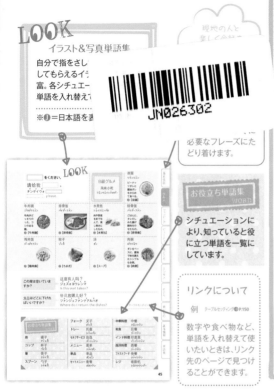

必要なフレーズにた
どり着けます。

お役立ち単語集
WORD

シチュエーションに
より、知っていると役
に立つ単語を一覧に
しています。

リンクについて

例　テーブルセッティング ➡ P.150

数字や食べ物など、
単語を入れ替えて使
いたいときは、リンク
先のページで見つけ
ることができます。

45

ことりっぷ会話帖で、
積極的に現地の人と
コミュニケーションを♪

コツ 1
巻頭のあいさつや
定番フレーズを事前に
覚えておきましょう

簡単なあいさつや基本の
フレーズを覚えておけば
いざというとき便利です。
➡ P.14

コツ 2
写真・イラスト単語を
相手に見せて伝えよう

うまく伝わらなかったら
写真やイラストを見せて
自分の意思を
伝えてみましょう。
（例）➡ P.32・63・94 など

コツ 3
日本の文化を紹介して
積極的に
コミュニケーション

海外では日本文化に
興味のある人も多いです。
自分の国について
紹介できれば、
会話もはずみます。
➡ P.144

発音・フリガナについて

それぞれのフレーズ、単語にはカタカナ表記を付けて
います。そのまま読めば、現地のことばに近い音にな
るように工夫してありますので、積極的に声に出して
みてください。

● 中国語の発音って？

中国語の発音は中国式アクセントの「四声」と、ロー
マ字による発音表記の「ピンイン」で表されます。本
書では「ピンイン」の代わりにカタカナ表記を掲載し
ています。

四声には4つの種類があります。

第1声（￣）…（例）「ピンポーン」の「ピン」
第2声（ノ）…（例）「マーボウドウフ」の「マー」
第3声（∨）…（例）「らっきょう」の「らっ」
第4声（＼）…高い音から一気に下げる
※詳しくは➡ P.152 へ

● 中国語の文字について

中国では、現在「簡体字」という漢字が使われていま
す。旧字体の「繁体字」を簡略化したものです。台湾
では「繁体字」が使われています。本書の中国語表記
は簡体字で示しています。

ことりっぷ co-Trip 会話帖

中国語

Contents

本誌では、シチュエーション別の会話は、

🍴 グルメ

🛍 ショッピング

💅 ビューティ

📷 見どころ

🎵 エンタメ

🏨 ホテル

の6つのジャンルで
紹介しています。

ことりっぷ co-Trip
会話帖

中国語
Chinese

電子書籍付き

旅でよく使うフレーズです

あいさつ

こんにちは!
你好!
ニーハオ

さようなら。
再见。
ザイジェン

おはよう!
早上好!
ザオシャンハオ

こんばんは!
晚上好!
ワンシャンハオ

おやすみ!
晚安!
ワンアン

ありがとう!
谢谢!
シェシェ

すみません。
对不起。
ドゥイブチー

感想

おいしい!	好吃! ハオチー
すばらしい!	非常好! フェイチャンハオ
かわいい!	可爱! クーアイ

返事

はい。／いいえ。	是。／不是。 シー　　ブーシー
わかりました。	知道了。 ジーダオラ
わかりません。	不知道。 ブージーダオ

とっさのひとこと

写真を撮ってください。	请照相。 チンジャオシャン
～をください。	请给我～。 チンゲイウォ
これはいくらですか?	这个多少钱? ジェイガドゥオシャオチェン
トイレはどこですか?	厕所在哪里? ツースォザイナーリ

ことりっぷ co-Trip 会話帖

中国語

電子書籍 が
無料ダウンロード
できます♪

電子書籍のいいところ
購入した「ことりっぷ」が
いつでも
スマホやタブレットで
持ち運べますよ♪

まずは
ことりっぷアプリを
ダウンロード

詳しくは裏面で

🐦 電子書籍をダウンロードするには…

Step 1
「AppStore」または「GooglePlay」から〈ことりっぷ〉で検索してアプリをダウンロード

このアイコンが目印です

Step 2
アプリを起動し、まず会員登録してからログイン

Step 3
トップ画面にある電子書籍ボタンをタップ

Step 4
ストア画面の「QRコードスキャン」をタップ

Step 5
右のQRコードを読み取ります

Step 6
ことりっぷが本棚に追加されます

●ことりっぷアプリはスマートフォンを対象にしております。**推奨機種は、iPhone版はAppStoreにて、Android版はGooglePlayにて必ず事前にご確認ください。**なお、推奨環境で必ずしも動作を保証するものではありません。 ●電子書籍のダウンロードには、会員登録（無料）が必要です。 ● GPS機能が非搭載の機種では一部機能がご利用になれません。 ● QRコードは株式会社デンソーウェーブの登録商標です。 ●ことりっぷアプリの利用（ダウンロード等）には、別途各通信会社の通信料がかかります。 ●オフラインで電子書籍を利用する場合には、事前にダウンロードしてご利用ください。 ●電子書籍のダウンロード容量は、約200MB程度となります。書籍により異なるためダウンロード前にご確認ください。 ●電子書籍のダウンロード時はWi-Fi環境を推奨します。 ●電子書籍のダウンロード期限は出版日より約3年間です。 ●電子書籍の使用可能期間は、QRコード読み込み後1年間となります。期限が過ぎてしまった場合は、再度QRコードの読み取りが必要となります。 ●権利の関係上、本誌で紹介している物件でも電子書籍に表示されない場合があります。 ●本誌地図上に掲載される物件位置と、ことりっぷアプリで表示される物件位置は必ずしも一致しません。あくまで目安としてご使用下さい。 ●本誌及びことりっぷアプリに掲載の物件情報（商品内容や料金ほか各種情報）は変更される場合がありますので、ご利用の際には改めて事前にご確認下さい。 ●本誌及びことりっぷアプリに掲載の内容により生じたトラブルや損害に関しては、弊社では補償いたしかねます。あらかじめご了承の上、ご利用下さい。 ●歩きスマホは危険です。ご注意ください。 ●ことりっぷアプリは、予告なくサービス内容を変更することや終了することがあります。 ●画面はすべてイメージです。 ●本誌に掲載の内容およびQRコードの無断転載を禁じます。

ことりっぷ会話帖　中国語

ことりっぷ co-Trip
会話帖

中国語

Chinese

勇気を出して中国語で話しかけてみましょう。
すこしでも気持ちが伝われば旅はもっと楽しくなります。
いつもよりあたたかい旅を経験してみませんか？

会話帖 中国語を持って…

さあ、話してみましょう

**旅に必要な基本会話から、とっておきの現地情報を聞いたり、
ツウな旅を楽しむためのフレーズや単語を集めました。
さあ、会話を楽しんでみませんか?**

せっかく旅に出たのなら、現地の人と
コミュニケーションをとってみましょう。
簡単なあいさつでもその土地の言葉
で元気よく話しかければ、現地の人も
笑顔で応えてくれるはず。

グルメ、ショッピング、エステに観光な
ど、会話を楽しむシーンはいっぱいで
す。少しの会話でも、いつもと違った体
験ができるかも!? 会話で旅はもっ
と楽しくなります。

小籠包をください。
请给我 小笼包。
チンゲイウォ シャオロンバオ

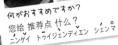
何がおすすめですか?
您给 推荐点 什么?
ニンゲイ トゥイジエンディエン シェンマ

万里の長城に行きたいのですが。
我想去 万里长城。
ウォシャンチュー ワンリーチャンチョン

人気の物はどれですか?
哪个 有人气?
ナーガ ヨウレンチー

3

HOW TO
ことりっぷ会話帖
中国語

ことりっぷ会話帖は、見ためがかわいいだけではなく、
内容も盛りだくさん。事前にちょこっとお勉強するのも◎。
現地でも使いやすい会話帖をうまく使いこなすコツを教えます。

"カフェで何といえば注文できるの?""化粧水って何ていうの?"など、いざという時に困ったことありませんか?そんな時にシチュエーション別の構成は現地に行っても探しやすいです。シチュエーションに関連したフレーズや単語も充実しています。「こんなフレーズほしかった」という声にお応えした会話帖です。

使えるポイントはココ

● シチュエーション別の構成で使いやすい

● さまざまなシーンでの基本フレーズが充実

● 単語集は日中が多く現地でも役立ちます

1 シチュエーション別にアイコンがついています

シチュエーション別で分かれている「グルメ・ショッピング・ビューティ・見どころ・エンタメ・ホテル」は、それぞれのアイコンがタイトルの横についているのですぐに見つけることができます。

2 単語が入れ替えできて使いやすい

数字や地名など、入れ替えるだけで使えます。

| 私のサイズは4号です。 | 我的尺码是4号。
ウォダァーマージーズーバオ
My size is 4. |

3 重要フレーズが探しやすい

特に重要なフレーズは一目でわかるようになっています。

| あのセーターを見せてください。 | 请让我看看那个毛衣。
チンランウォカンカンネイガマオイー
Can I see that sweater? |

4 相手の言葉もすぐ分かる

現地の人がよく使うフレーズも掲載しています。
事前にチェックしておけば、あわてずにすみますね。

| このチャーハンがおすすめです。 | 这炒饭　特別好吃。
ジェチャオファン デェビェビャオチー
I recommend this fried rice. |

5 中国語以外にも英語表記があります

英語の表記も掲載しています。
中国語が通じなかったら英語で試してみましょう。

| この住所に行きたいのですが。 | 想去这个地址。
シャンチュジェイガディジー
I'd like to go to this address. |

楽しく自分好みのファッションを見つけましょう

中国製や軽、チャイナドレスなど、街にはかわいいファッショングッズがいっぱい。
うまく会話をして気に入りのアイテムを見つけましょう。

まずはお店を探しましょう

デパートなどにはありますか?	在商场里之类的有吗? ザイシャンチャンリジェイダヨウマ Where in the department store?	
それはどこで買えますか?	在哪里能买到这个? ザイナーリノンマイダオジェイガ Where can I buy that?	ショッピング●P.50

お店について質問しましょう

営業時間を教えていただけますか?	请告诉我营业时间? チンガオスウォインイェシージェン What are the business hours?	
定休日はいつですか?	哪天是休息日? ナーティエンシーシゥウシー What day do you close?	
売り場案内図はありますか?	有商场的地图吗? ヨウシャンチャンダディートゥーマ Do you have a floor map?	
化粧品のおすすめの店はありますか?	有比较好的化妆品店吗? ヨウビージャオハオダファンジュアンビンディェンマ Are there any good cosmetics shops?	
化粧品を買うならどこに行けばよいですか?	买化妆品去哪里好呢? マイファジュンシュアンビンチュナーリハオナ Where have I to go to buy cosmetics?	コスメ●P.66
エレベーター[エスカレーター]はどこですか?	直梯[扶梯]在哪里? ジーティー[フゥティー] ザイナーリ Where is the elevator[escalator]?	
荷物を預かってもらえるところはありますか?	有存包处吗? ヨウツンバオチューマ Where is the cloak room?	

52

6 対話形式でやりとりも把握できる

実際の対話例を掲載しているので、どのようにやり取りしたらよいかがわかります。

おばちゃん、こんにちは。
阿姨 你好。
アーイー ニーバオ

いらっしゃい、何にする?
欢迎光临 来点什么?
ファンイングゥウンリン ライディェンシェンマ

Chinese

中国・台湾ってこんなところです

広大な国土を擁する中国や、多くの人が訪れる台湾の位置はこちらです。
ここでは、目的地をたずねるときや現地の人との会話で使いましょう。

中国・台湾のきほん

Q 言葉と文字は？

A 中国語です

中国では北京語をベースとした中国語が最も広く使用されています。台湾でも主に北京語。漢字の国なので、筆談で通じることも多いです。また中国では漢字を簡略化した簡体字を使用しますが、台湾や香港、マカオでは使われていません。

Q 通貨は？

A 中国は「元」、台湾は「圓」です

台湾の「圓」は一般的には同音の「元」や「NT$」（ニュー台湾ドル）と表されます。

Q 旅行シーズンは？

A 4・5月と9〜11月がベスト

中国は国土が広大なのであくまで目安。訪れる地域によりベストな月は前後しますがだいたい春と秋がおすすめ。

中国語圏のマナーを知っておきましょう

○一日中使われるあいさつの言葉は「ニーハオ」。改まった席でないかぎり気軽に使いたい。中国では挨拶の際、握手をすることも忘れずに。

○中国では大勢でお酒を飲むのを楽しみます。宴会の席ではゲストにお酒をすすめてから一緒に飲むのが常識。一人手酌は×。

○食事は楽しく賑やかにするもの。厳しくはないが、箸は右側に縦に置く。魚はひっくり返さないなどの食事マナーがあります。

中国・台湾のおもな地名はこちら

敦煌
敦煌
ドゥンファン

ラサ
拉薩
ラーサー

DATA

正式国名／中華人民共和国
人口／約14億人
面積／約960万km²
首都／北京
日本との時差／−1時間

九寨溝
九寨沟
ジウジャイゴウ

麗江
丽江
リージャン

成都
成都
チョンドゥ

8

蘇州
苏州
スージョウ

重慶
重庆
チョンチン

昆明
昆明
クンミン

広〜い中国の時差は？
広大な国土を持つ中国ですが実は国内での時差はありません（一部地域を除く）。台湾、香港と同じく日本からマイナス1時間です。

ワンポイント

地名を使って会話してみよう

▢▢▢▢▢ に行きたいのですが。

我想去 ▢▢▢▢▢ 。
ウォシャンチュー ▢▢▢▢▢

目的地を伝えるときは、地名をはっきり言いましょう。

大連
大连
ダーリエン

西安
西安
シーアン

出身地はどこですか？

您是 哪里人？
ニンシー ナーリレン

上海
上海
シャンハイ

台北
台北
タイペイ

出身は ▢▢▢▢ です。

我是 ▢▢▢▢ 人。
ウォシー ▢▢▢▢ レン

現地の人とコミュニケーションをとって、旅にスパイスを加えましょう！

桂林
桂林
グイリン

香港
香港
シャンガン

DATA
地域名／台湾
人口／約2326万人
面積／約3万6000km²
主要都市／台北
日本との時差／−1時間

地図上の地名（北京 ベイジン、黒河、黒龍江省、佳木斯、哈爾浜、牡丹江、ウラジオストク、大興安嶺山脈、斉斉哈爾、白城、吉林、吉林省、長春、四平、撫順、本渓、赤峰、張家口、遼寧省、瀋陽、鞍山、営口、朝鮮民主主義人民共和国 DEMOCRATIC PEOPLE'S REPUBLIC OF KOREA、咸興、平壌、呼和浩特、包頭、承徳、北京、天津、唐山、大連、渤海、ソウル、仁川、日本海 Japan Sea、太原、石家荘、煙台、威海、大田、山西省、濰坊、青島、釜山、広島、福岡、大韓民国 REPUBLIC OF KOREA、済州、北九州、長崎、鹿児島、焦作、鄭州、淄博、泰安、連雲港、西安、陝西省平頂山、河南省、徐州、江蘇省、南通、日本 JAPAN、老河口、湖北省、安徽省、南京、上海、武漢、杭州、寧波、黄石、南昌、紹興、綿陽、南充、湖南省、長沙、湘潭、株洲、浙江省、温州、東シナ海 East China Sea、那覇、重慶、瀘州、貴陽、邵陽、衡陽、江西省、福州、泉州、福建省、廈門、漳州、台中、台湾、太平洋 Pacific Ocean、貴州省、柳州、梧州、桂林、広西壮族自治区、南寧、仏山、広州、東莞、潮州、台北、台南、高雄、ハノイ、港江、マカオ、深圳、香港、ロシア連邦 RUSSIAN FEDERATION、イルクーツク、ウランバートル、チョイバルサン、タンサグブラタル、デルゲルハーン、モンゴル MONGOLIA、ゴビ砂漠、内蒙古高原、阿巴嘎納爾旗、内蒙古自治区、榆林、甘粛省、寧夏回族自治区、宝鶏、コムソモリスクナアムーレ、ハバロフスク、シホテアリニ山脈、バイカル湖 Озеро Байкал）

9

北京の街はこんな感じです

長い歴史に彩られた北京は見るべき史跡がいっぱい。
主な地名を覚えて、街歩きやタクシーに乗る際に活用しましょう。

〈日本人に人気のエリア〉
1位 天安門広場
2位 万里の長城
3位 故宮博物院

①
市街地からも1時間の
風光明媚な観光スポット

市内北西部　市内西北部／シーネイシーベイブー

おもなスポット
・頤和園
　頤和園／イーホーユェン
・円明園
　圓明園／ユェンミンユェン
・北京動物園
　北京动物园／ベイジンドンウーユェン

②
北京の伝統的家屋が
数多く残る下町エリア

鼓楼・鐘楼
鼓楼・钟楼／グーロウ ジョンロウ

おもなスポット
・恭王府
　恭王府／ゴンワンフー
・烟袋斜街
　烟袋斜街／イエンダイシエジエ

世界最大級を誇る宮殿

③

故宮
故宫／グーゴン

おもなスポット
・故宮博物院
　故宫博物院／グーゴンボーウーユェン
・北海公園
　北海公园／ベイハイゴンユェン

★ 頤和園　圓明園
①市内北西部
北三環中路

③故宮
西単

④天安門

京石高速公路

大観園 ★

西三環北路

北京街歩きアドバイス
道路が渋滞したり地下鉄が大混雑していることもしばしば。余裕のあるスケジュールで街歩きを楽しんで。

その他の
観光スポット
WORD

琉璃廠 琉璃厂 リュウリーチャン	**周口店猿人遺址** 周口店猿人遗址 チョウコウディエンユェンレンイージー
大柵欄 大栅栏 ダーシーラー	**明十三陵** 明十三陵 ミンシーサンリン
万里の長城 万里长城 ワンリーチャンチョン	**古文化街** 古文化街 グーウェンファジエ

　　　　　　　に行きたいのですが。

我想去　　　　　　　。
ヴォシャンチュー

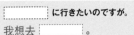

［　　　　］に行きたいのですが。

我想去 ［　　　　］。
ウォシャンチュー ［　　　　］

9

外国人も多く住むエリア
国際色豊かなバーなども多い

三里屯
三里屯／サンリートゥン

おもなスポット
- 北京3.3服飾大廈
  北京3.3服饰大厦／ベイジンサンディエンサンフーシーダーシャー
- 工人体育場
  工人体育场／ゴンレンティーユーチャン

8

巨大ショッピングモール群など
北京を代表する繁華街

王府井　王府井／ワンフージン

おもなスポット
- 王府井大街
  王府井大街／ワンフージンダージエ
- 東方広場
  东方广场／ドンファンアンチャン

7

北京きっての
ビジネスエリア

建国門　建国門／ジエングォメン

おもなスポット
- 北京古観象台
  北京古观象台／ベイジングーグァンシャンタイ
- 建国門外大街
  建国门外大街／ジエングォメンワイダージエ

4

天安門広場など
北京一の観光エリア

天安門
天安门／ティエンアンメン

おもなスポット
- 天安門広場
  天安门广场／ティエンアンメングァンチャン
- 毛主席記念堂
  毛主席纪念堂／マオジューシージーニエンタン

5

駅周辺には高級ホテルや
老舗レストランが点在

北京駅
北京站／ベイジンジャン

おもなスポット
- 東単
  东单／ドンダン
- 北京城東南角楼
  北京城东南角楼
  ベイジンチョンドンナンジャオロウ

6

天壇公園と近代化しつつある
街並みが親しみやすい

市内南部
市内南部／シーネイナンブー

おもなスポット
- 天壇公園
  天坛公园／ティエンタンゴンユェン
- 大観園
  大观园／ダーグァンユェン

上海・台北の街はこんな感じです

レトロ＆モダンな街並みを両方楽しめる上海と台北。
お気に入りの街を探索しましょう。

❀ 上 海 ❀

東は大賑わいの歩行者天国、
西はデパート街に老舗まで

1 南京路
南京路／ナンジンルー

高級デパートが立ち並ぶ
おしゃれなショッピングゾーン

2 淮海路
淮海路／ファイハイルー

レンガ造りの建物が立ち並び、
上海の旬が味わえるスポット

3 新天地
新天地／シンティエンディー

アートギャラリーや個性的な
ショップが路地に並ぶ大人気エリア

4 田子坊
田子坊／ティエンズーファン

5
かわいい雑貨を
探すならここ。
レトロな街並みや
風情も素敵です

豫園
豫園／ユーユアン

6
上海を象徴する
超高層ビルが
ひしめく近代的
エリア

浦東
浦東／プードン

7
クラシカルな洋館が立ち並ぶ
西洋の香りあふれるエリア

外灘 外灘／ワイタン

❀ 台北 ❀

に行きたいのですが。

我想去 [　　　]。
ウォシャンチュー

地図上の地名

故宮博物院
圓山大飯店
孔子廟
松山機場（松山空港）
行天宮
淡水河
民権東路
民生東路
中山北路
❼行天宮・松江路 **❻南京東路**
迪化街 **❶中山駅・迪化街**
東区・忠孝東路 ❹
台北駅・西門町 ❷
中正紀念堂 **❸永康街** **信義新都心 ❺**
永康街 台北101・
信義路

---

❶
おしゃれな街並みの中山と
レトロな建築が残る問屋街,迪化街

中山駅・迪化街
中山站・迪化街
ジョンシャンジャン ディーファジエ

---

❷
交通の要、台北駅周辺と、
若者向けの街、西門

台北駅・西門町
台北站 西門町／タイペイジャン シーメンティン

---

❸
カフェや雑貨店などセンスの
よい店が多く観光客に人気

永康街
永康街／ヨンカンジエ

---

❹
台北の流行発信基地として
機能する一大ショッピングエリア

東区・忠孝東路
东区・忠孝东路／ドンチュー ジョンシャオドンルー

---

❺
台北101など大型ショッピング
ビルが立ち並ぶ、新興開発エリア

信義新都心
信义新都心／シンイーシンドゥーシン

---

❼
台北市中央部を
縦断する松江路の
周辺。オフィス街

行天宮・松江路
行天宮・松江路
シンティエンゴン ソンジャンルー

---

❻
MRT南京復興駅を
中心とした繁華街

南京東路
南京东路／ナンジンドンルー

※このページの中国語表記は、この本の規定に則り、おもに、大陸（中華人民共和国）簡体字で示しており
ます。台湾では繁体字が使用されていますのでご注意ください。

まずはあいさつから始めましょう

中国でのコミュニケーションの始まりは、あいさつからです。
まずは基本のあいさつを覚えて、積極的に使うことから始めましょう。

おはよう。／こんにちは。／こんばんは。
早上好。／你好。　／晚上好。
ザオシャンハオ／ニーハオ　／ワンシャンハオ
Good morning. / Good afternoon. / Good evening.

さようなら。（カジュアル）／さようなら。（丁寧）
拜拜。　　　　　／再见。
バイバイ　　　　　／ザイジェン
Bye. / Good-bye.

はい。／いいえ。
是。／不是。
シー　／ブーシー
Yes. / No.

よい1日を。
开心一天。
カイシンイーティエン
Have a nice day.

ありがとう。
谢谢。
シェシェ
Thank you.

どういたしまして。
不客气。
ブークーチ
You are welcome.

またね！／また明日。
回头见！／明天见。
フイトウジェン／ミンティエンジェン
Bye! / See you tomorrow.

基本会話

グルメ

ショッピング

ビューティ

見どころ

エンタメ

ホテル

乗りもの

基本情報

単語集

意思はハッキリ伝えましょう！

人に何かたずねられたら、「はい」「いいえ」をハッキリ言いましょう。明確な意思表示をしなかったり、あいまいにうなずいたりするだけでは思わぬトラブルを招きます。

はじめまして。私はスズキハナコです。
初次见面。我叫铃木花子。
チューツージェンミェン　ウォジャオリンムーファズー
Nice to meet you.　I'm Suzuki Hanako.

お目にかかれてうれしいです。
很高兴见到您。
ヘンガオシンジェンダオニン
I'm glad to see you.

日本からですか？
来自日本吗？
ライズーリーベンマ
Are you from Japan?

はい、東京から来ました。
是，从东京来。
シー　ツォンドンジンライ
Yes, I'm from Tokyo.

すみません。（何かをたずねる）
请问。
チンウェン
Excuse me.

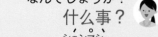

なんでしょうか？
什么事？
シェンマシー
Pardon?

知っていると便利なフレーズたちを集めました

旅先でよく使う簡単なフレーズを集めました。
これだけで、コミュニケーションの幅がぐっと広がりますよ。

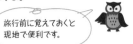

旅行前に覚えておくと
現地で便利です。

どのくらいかかりますか？
需要多少(时间)？
シュヤオドゥオシャオ　シージェン
How long does it take?

いくらですか？
多少钱？
ドゥオシャオチェン
How much is it?

はい、お願いします。／いいえ、結構です。
我要。　　　　／不要了。
ウォヤオ　　　／ブーヤオ　ラ
Yes, please. ／ No, thank you.

これはなんですか？
是什么？
シーシェンマ
What is this?

わかりません。
不明白。
ブーミンバイ
I don't understand.

知りません。
不知道。
ブージーダオ
I don't know.

もう1回言ってください。
请再说一遍。
チンザイシュオイービェン
Please repeat that again.

16

ゆっくり話してもらえますか？

请慢点说。

チンマンディエンシュオ

Could you speak more slowly?

**おっしゃったことを
書いてもらえますか？**

能把您说的 给写一下吗？

ノンバーニンシュオダ ゲイシェイイーシャマ

Could you write down what you said?

**日本語[英語]のできる人は
いますか？**

有会说日语[英语]的人吗？

ヨウフイシュオリーユー [インユー] ダレンマ

Is there anyone who speaks Japanese [English]?

**とってもよいです。／
まあまあです。**

非常好。／很一般。

フェイチャンハオ　ヘンイーバン

It's very good. ／ It's not bad.

いいですよ。／OK。

好呀。　／OK。

ハオ ヤ

Sure. ／ OK.

だめです。

不可以。

ブークーイー

No.

ごめんなさい。

对不起。

ドゥイブチー

I'm sorry.

私です。／あなたです。

是我。／是你。

シーウォ　　シーニー

It's me. ／ It's you.

これをください。

请给我这个。

チンゲイウォジェイガ

Can I have this?

いつ？／誰？／どこ？／なぜ？

何时？／谁？／在哪？／为什么？

ホーシー　　シェイ　　ザイナー　　ウェイシェンマ

When? ／ Who? ／ Where? ／ Why?

17

知っていると便利なフレーズたちを集めました

[_____] をください。

请给我 [_____]。

チンゲイウォ [_____]

[_____], please.

Point 请给我〜。は、要望を相手に伝える表現。[_____]に「物」や「サービス」などを入れて頼みましょう。ほしいものを受け取ったときや、何かしてもらったときには「谢谢（シェシェ／ありがとう）」のひとことを忘れずに。

コーヒー

咖啡
ガーフェイ
coffee

紅茶

红茶
ホンチャ
tea

コーラ

可乐
グーラー
cola

ミネラルウォーター

矿泉水
クァンチュエンシュイ
mineral water

ビール

啤酒
ピージウ
beer

紹興酒

绍兴酒
シャオシンジウ
Chinese rice wine

牛肉

牛肉
ニウロウ
beef

鶏肉

鸡肉
ジーロウ
chicken

ハンバーガー

汉堡
ハンバオ
hamburger

フライドポテト

薯条
シュティアオ
French fries

メニュー

菜单
ツァイダン
menu

地図

地图
ディトゥ
map

お店で大活躍する
フレーズです。

パンフレット

小册子
シャオツーズ
brochure

レシート

发票
ファピャオ
receipt

18

基本会話
グルメ
ショッピング
ビューティ
見どころ
エンタメ
ホテル
乗りもの
基本情報
単語集

☐☐☐☐ してもいいですか?

我可以 ☐☐☐☐ 吗?

ウォ クーイー ☐☐☐☐ マ

Can I ☐☐☐☐ ?

Point 我可以～吗?は、「～してもいいですか?」と相手に許可を求める表現。また「～できますか?」とたずねる表現。☐☐☐☐に自分がしたいことを入れてたずねます。相手はたいてい「可以 (クーイー／はい)」か「不行 (ブーシン／いいえ)」で答えてくれます。

写真を撮る

照相

ジャオシャン

take a picture

トイレに行く

上厕所

シャンツースォ

go to a restroom

注文する

点菜／订货

ディエンツァイ　ディンフォ

order

ここに座る

坐这里

ズォジェリ

sit here

窓を開ける

开窗

カイチュアン

open the window

予約する

预约

ユーユェ

make a reservation

チェックインする

入住

ルージュー

check in

そこに行く

去那里

チューナーリ

go there

ここにいる

在这里

ザイジェリ

stay here

電話を使う

用电话

ヨンディエンファ

use a phone

あとで電話する

过后回电话

グォホウフイディエンファ

call later

クーポンを使う

用优惠券

ヨンヨウフイジュアン

use a coupon

徒歩でそこへ行く

走着去那里

ゾウジェチューナーリ

walk there

観光地では「写真を撮ってもいいですか」と聞いてみましょう。

ここで支払う

在这里付钱

ザイジェリフーチェン

pay here

知っていると便利なフレーズたちを集めました

[____] はどこですか？

[____] 在哪里？

ザイナーリ

Where is [____] ?

Point ～在哪里？は、「場所」などをたずねる表現。どこかへ行きたいときや、探し物があるときに使います。[____]に「場所」「物」「人」などを入れてたずねればOK。

私の席
我的座位
ヴォダズオウェイ
my seat

トイレ
厕所
ツースォ
a restroom

一番近い駅
最近的车站
ズイジンダチョージャン
the nearest station

地下鉄の駅
地铁站
ディティエジャン
a subway station
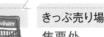

きっぷ売り場
售票处
ショウピャオチュー
a ticket booth

このレストラン
这个餐厅
ジェイガツァンテイン
this restaurant

カフェ
咖啡厅
ガーフェイテイン
a cafe

案内所
咨询处
ズースュンチュー
an information center

エスカレーター
自动扶梯
ズードンフーティ
an escalator

エレベーター
直梯
ジーティー
an elevator

階段
楼梯
ロウティ
stairs

銀行
银行
インハン
a bank

> 街歩きから建物の中にいるときまで、幅広いシーンで使えます。

郵便局
邮局
ヨウジュー
a post office

警察
警察局
ジンチャージュー
a police station

▢ はありますか?

有 ▢ 吗?

ヨウ ▢ マ

Do you have ▢ ?

Point 有～吗?は、「～はありますか?」とたずねる表現。▢に「品物」や「料理」などを入れて、店で自分のほしいものを売っているかたずねたり、レストランで注文するときなどに使います。

薬
药
ヤオ
medicines

ティッシュペーパー
手纸
ショウジー
kleenex

雑誌
杂志
ザージー
magazines

チョコレート
巧克力
チャオクーリー
chocolate

変圧器
变压器
ビエンヤーチー
a transformer

バター
黄油
ファンヨウ
butter

ジャム
果酱
グォジャン
jam

ケチャップ
番茄酱
ファンチェジャン
ketchup

塩
盐
イェン
salt

コショウ
胡椒
フージャオ
pepper

紙ナプキン
纸巾
ジジン
paper napkins

電池
电池
ディエンチー
batteries

コピー機
复印机
フーインジー
a copy machine

生理用ナプキンは
卫生巾
ウェイションジン
といいます。

はさみ
剪刀
ジェンダオ
scissors

知っていると便利なフレーズたちを集めました

＿＿＿＿＿ を探しています。

我在找 ＿＿＿＿＿ 。

ヴォザイジャオ ＿＿＿＿＿

I'm looking for ＿＿＿＿＿ .

Point

我在找〜。は、「〜を探しています」と相手に伝える表現。「なくした物」、「買いたい物」、「欲しい物」だけでなく、「行きたい場所」などを伝えるときにも使います。

私のさいふ

我的钱包
ヴォダチェンバオ
my wallet

私のパスポート

我的护照
ヴォダフージャオ
my passport

私のカメラ

我的照相机
ヴォダジャオシャンジー
my camera

トイレ

厕所
ツーズォ
a restroom

出口

出口
チューゴウ
an exit

入口

入口
ルーゴウ
an entrance

Tシャツ

T恤衫
ティージュシャン
a T-shirt

靴

鞋
ジェ
shoes

かばん

包
バオ
a bag

化粧品

化妆品
ファジュアンビン
cosmetics

写真店

照相馆
ジャオシャングァン
a photo shop

両替所

兑换处
ドゥイファンチュー
a money exchange

「人」を探すときにも使えます。

本屋

书店
シューディエン
a bookstore

アスピリン

阿司匹林
アースーピーリン
an aspirin

22

基本会話

グルメ

ショッピング

ビューティ

見どころ

エンタメ

ホテル

乗りもの

基本情報

単語集

| | してくれませんか？
您能 | | 吗？
ニン ノン | | マ
Could you | | ?

Point 您能～吗？は、「してくれませんか？」と要望を相手に伝える表現。 | | に「相手にしてほしいこと」を入れて使います。

お願いを聞く
帮我个忙
バンウォガマン
do me a favor

助ける／手伝う
帮我
バンウォ
help me

もう一度言う
再说一遍
ザイシュオイービェン
say that again

ゆっくり言う
说慢点
シュオマンディエン
speak slowly

今言ったことを書く
把您说的写下来
バーニンシュオダジェシャライ
write down what you said

タクシーを呼ぶ
叫出租车
ジャオチューズーチョー
call me a taxi

道を教える
告诉我路
ガオスーウォルー
show me the way

毛布をくれる
给我毛毯
ゲイウォマオタン
give me the blanket

医者を呼ぶ
叫医生
ジャオイーション
call for a doctor

少し待つ
稍等
シャオドン
wait a minute

探す
寻找
シュンジャオ
look for it

案内する
指引
ジーイン
show me around

荷物を運ぶ
运送行李
ユンソンシンリ
carry the luggage

何かしてもらったら「谢谢（シェシェ／ありがとう）」とお礼を。

連絡先を教える
告知联络方式
ガオジーリエンルオファンシー
tell me your address

23

現地の人に気持ちを伝えてみましょう

中国語を覚えるのはちょっと大変ですが、感情がすぐに伝わるひとことを
事前に覚えておけば、現地で地元の人とも早く仲良くなれますよ。

相手にお願い
するときは…

我求你了 ウォチウニーラ
お願い！

懇願するくだけた表現です。女性
なら求你（チウチウニー）を使
うこともあります。

「大変！」と伝え
たいときは…

糟了 ザオラ
大変！

「大変！」「しまった！」という感じ
です。日本語の「やばい！」みたい
なニュアンスでも使えます。

「がんばって！」と
元気づけたいときは…

加油 ジャヨウ
がんばって！

「しっかりして！（勇気を出して！）」
は、「鼓起勇气！／グーチーヨン
チー」と言います。

仲良くなった
友達に…

我请客 ウォチンクー
おごるよ。

中国では基本的に割り勘の習慣
はないんです。

素敵なヒトを
見かけたら…

酷毙了 クービーラ
超素敵！

「酷」は日本語の「超」のような
ニュアンス。若者が使う強調の
言葉です。

番外編
ですが…

我喜欢你 ウォシーホウンニー
あなたのことが好きです。

愛の告白ですね。

カタコトでも一生懸命相手の国の言葉を話そ
うとするだけで、よいコミュニケーションにつ
ながりますよ。

コミュニケーションのコツを覚えておきましょう

よいコミュニケーションに必要なのは、何も言葉の知識だけではありません。
その国の文化や考え方、行動の背景を知ることも大切ですね。

中国語圏も日本や韓国同様、
年長者を敬う文化がありま
す。さまざまなシチュエーショ
ンで気配りを忘れずに。

むやみに「好／ハオ」（はい）
と言わないようにしましょう。
わからないときは「不知道／
ブージーダォ」（知りません）
などと相手に伝えましょう。

相手の体に触れてしまったら、
「不好意思。／ブハオイース」
（すみません）と言いましょう。
相手を呼びとめたり、注意を
ひいたりするときも、このフレ
ーズを使うのがマナーです。

フレンドリーに接するのは大
切ですが、むやみに笑顔をみ
せるのも考えもの。「愛想笑
い」や「照れ笑い」はやめま
しょう。

こんなシーンで
実際に使ってみましょう

旅先ではさまざまなシーンに出くわすでしょう。
おいしい料理を堪能したり、ショッピングでお目当てのアイテムを見つけたり。
または、道に迷ったり、持ち物をなくしてしまうこともあるかもしれません。
よい思い出を倍増させ、いざというときにあなたを助けてくれるのが
現地の人々との会話なんです。
現地の人々と積極的にコミュニケーションを取って、あなたの旅を
より魅力的なものにしましょう。

ビューティ
美容
メイロン

ショッピング
购物
ゴウウー

エンタメ
娱乐
ユーラー

おいしい！
好吃
バオチー

どうぞ召し上がれ
请吃
チンチー

見どころ
名胜
ミンシォン

グルメ
美食
メイシー

中華料理をおいしく食べるには準備が大切です

旅行の楽しみのひとつは、おいしい料理を味わうことですよね。
うわさの人気店でグルメを楽しむには、ぜひ事前に予約を入れましょう。

まずは予約をしましょう

もしもし、
上海軒ですか?

喂，是上海轩吗?
ウェイ、シーシャンハイシュアンマ
Hello, is this Shanghai Ken?

お電話ありがとうございます。
上海軒です。ご用件を伺います。

感谢您的来电。这里是上海轩。请问有什么可以帮您的吗?
ガンシエニンダライディエン ジェーリーシーシャンハイシュアン チンウェンヨウシェンマクーイーバンニンダマ
Thank you for calling. This is Shanghai Ken. How may I help you?

今晩6時に4名で
予約をお願いします。

我想预定今晚6点的座位，4个人。　　　　時刻⇒P.150
ウォシャンユーディンジンワンリウディエンダズオウェイ スーガレン　数字⇒P.148
I'd like to make a reservation for four people at six tonight.

かしこまりました、お
席を用意しております。

知道了，我们　将准备好　座位。
ジーダオラ ウォメン ジャンジュンベイハオ ズォウェイ
Sure. We'll have a table ready for you then.

すみません、その時
間はいっぱいです。

对不起，那时间　已经　预约满了。
ドゥイブチー ナーシージエン イージン ユーユェマンラ
I'm sorry. We have no open tables at that time.

何時の席を予約でき
ますか?

能预定到 几点的座位呀?
ノンユーディンダオ ジーディエンダズォウェイヤ
For what time can we reserve a table?

6時半なら
予約できます。

6点半 有空位。
リウディエンバン ヨウコンウェイ　　　　時刻⇒P.150
We can make a reservation at six thirty.

お名前を
お願いします。

请问您贵姓?
チンウェンニングイシン
May I have your name?

タナカです。

我叫田中。
ウォジャオティエンジョン
I'm Tanaka.

禁煙席[喫煙席]を
お願いします。

请安排在禁烟区[吸烟区]。
チンアンバイザイジンイエンチュー[シーイエンチュー]
Non-smoking [Smoking] seat, please.

全員一緒の席に してください。	请安排所有人坐在一起。 チンアンバイスオヨウレンズオザイイーチー We would like to sit together.
窓際の席に してください。	请安排在窗边的座位。 チンアンバイザイチュアンビエンダズオウエイ I want a table near the window.
服装の決まりはありますか?	有 服装规定吗? ヨウ フージュアングイデインマ Do you have a dress code?
予約を変更したいのですが。	我想更改预约。 ウォシャンガンガイユーユエ I'd like to change the reservation.
予約を取り消したいのですが。	我想取消预约。 ウォシャンチューシャオユーユエ I'd like to cancel the reservation.
予約の時間に 遅れそうです。	可能会比预约的时间晚到。 クーノンフイビーユーユエダシージエンワンダオ We're running late.

ワンポイント メニューの読み方

メニューの配列は様々ですが、素材別になっているのが一般的です。
中国料理の名前は、調理方法、食材、料理の形、地名、人名などの組み合わせでできているので、ある程度料理の見当をつけることができます。

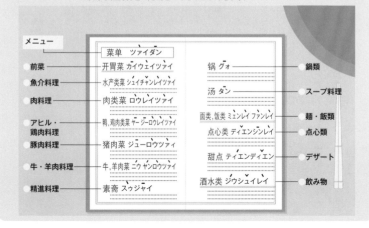

メニュー　菜単　ツァイダン

- 前菜 ─── 开胃菜 ガイウェイツァイ
- 魚介料理 ─── 水产类菜 シュイチャンレイツァイ
- 肉料理 ─── 肉类菜 ロウレイツァイ
- アヒル・鶏肉料理 ─── 鸭,鸡肉类菜 ヤージーロウレイツァイ
- 豚肉料理 ─── 猪肉菜 ジューロウツァイ
- 牛・羊肉料理 ─── 牛,羊肉菜 ニウ ヤンロウツァイ
- 精進料理 ─── 素斋 スゥジャイ

- 锅 グォ ─── 鍋類
- 汤 タン ─── スープ料理
- 面类,饭类 ミエンレイ ファンレイ ─── 麺・飯類
- 点心类 ティエンシンレイ ─── 点心類
- 甜点 ティエンディエン ─── デザート
- 酒水类 ジウシュイレイ ─── 飲み物

レストランに入ったら流れはこんな感じです

いよいよお楽しみの食事タイムです。食べたいものが決まったら、さっそくお店にでかけましょう。
楽しく食事を楽しむための便利な「シーン別 使えるフレーズ」を集めました。

いらっしゃいませ。
欢迎光临。
ファンインヴァンリン

お店に入ります

予約しているタナカです。	我叫田中，已经 预约了。 ウォジャオティエンジョン　イージン　ユーユェ ラ My name is Tanaka. I have a reservation.
予約していませんが、席はありますか？	我没有预约，请问有座位吗？ ウォメイヨウユーユェ　チンウェンヨウズオウェイマ I don't have a reservation, but can I get a table?
2人ですが席はありますか？	共两个人，有 空位吗？ ゴンリャンガレン　ヨウ コンウェイマ Do you have a table for two？ 数字➡P.148
どのくらい待ちますか？	要等 多长时间？ ヤオドン ドゥオチャンシージェン How long do we have to wait?
15分ほどです。	大约　15分钟。 ダーユェ シーヴーフェンジュン About fifteen minutes. 数字➡P.148

わかりました、待ちます。 | またにします。
知道了，我们等。 | 我们 以后再来。
ジーダオ ラ　ウォメンドン | ウォメン イーホウザイライ
All right. We'll wait. | We'll come back again.

ここに座っても いいですか？	能坐在这里吗？ ノンズオザイジェリマ May I sit here?
メニューを見せてください。	请给我　看一下　菜单。 チンゲイウォ カンイーシャ ツァイダン Can I see a menu?
日本語のメニューはありますか？	有 日语菜单吗？ ヨウ リーユーツァイダンマ Do you have a Japanese menu?
名物料理は どれですか？	招牌菜是哪个？ ジャオパイツァイシーネイガ Which one is the local food?

28

基本会話

グルメ

ショッピング

ビューティ

見どころ

エンタメ

ホテル

乗りもの

基本情報

単語集

注文をしましょう

おなかがすきました〜
肚子饿了〜
ドゥーヅウーら

何がおすすめですか?

您给 推荐点 什么?
ニンゲイ トゥイジェンディエン シェンマ
What do you recommend?

**このチャーハンがお
すすめです。**

这炒饭 特别好吃。
ジェチャオファン テビェハオチー
I recommend this fried rice.

メニュー→P.32

**この地方の名物料理
はありますか?**

这里 有名的菜 是什么?
ジェリ ヨウミンダツァイ シーシェンマ
Do you have any local food?

注文はできますか?

可以 点菜了吗?
クーイー ディエンツァイラマ
Can I order now?

**小籠包と五目がゆを
ください。**

请给我 小笼包 和八宝粥。
チンゲイウォ シャオロンバオ ホーバーバオジョウ
I'd like the XiaoLongBao and Ba Bao Zhou.

メニュー→P.32

**一皿に何個
入っていますか?**

一份里面有几个?
イーフェンリーミエンヨウジーガ
How many does it have in one serving?

**一人前だけ
注文できますか?**

可以点单人份吗?
クーイーディエンダンレンフェンマ
Can I order it for one person?

餃子を4皿ください。

请给我 4盘饺子。
チンゲイウォ スーパンジャオズ
I'll have four plates of dumplings.

メニュー→P.32
数字→P.148

それをいただきます。

好,请给我 一个。
ハオ チンゲイウォ イーガ
OK, I'll try it.

**この料理を
分けて食べます。**

这个菜分开吃。
ジェイガツァイフェンカイチー
We'd like to share this.

**ひとこと
フレーズ**

おいしい!!
好吃!
ハオチー!

これを下げてください。
请把这个 撤下去。
チンバージェイガ チェシャチュ

これはいい味ですね。
这个 真好吃。
ジェイガ ジェンハオチー

おなかいっぱいです。
吃饱了。
チーバオら

ごちそうさまでした。
非常好吃,谢谢。
フェイチャンハオチー ジェジェ

29

レストランに入ったら流れはこんな感じです

食事中

すみません、箸はありますか？	**不好意思，有 筷子吗？** ブーハオイース ヨウ クワイズマ Excuse me, can I have chopsticks?
<u>レンゲ</u>を落としました。	**我把小勺 弄掉了。** ウォバーシャオシャオ ノンディアオラ I dropped my Chinese spoon. テーブルセッティング◎P.37
<u>ご飯</u>をもう少しください。	**请再给我 来点饭。** チンザイゲイウォ ライディエンファン I'd like to have more rice, please. メニュー◎P.32
注文したものがまだです。	**点的菜还没有来。** ディエンダツァイハイメイヨウライ My order hasn't come yet.
これは何ですか？	**这是什么？** ジェシーシェンマ What is this?
これは注文していません。	**我没点 这个菜。** ウォメイディエン ジェイガツァイ This is not what I ordered.
これはどう食べるのですか？	**这个 怎么吃？** ジェイガ ゼンマチー Could you tell me how to eat this?
ポットにお湯を足してください。	**请往暖瓶里 加点热水。** チンワンヌァンピンリ ジャーディエンルーシュイ I want more hot water in the pot, please.
この料理には十分に火が通っていないようです。	**这菜好像没熟透。** ジェツァイハオシャンメイシュートウ This dish is rather raw.

お役立ち単語集 WORD				
	甘い	甜 ティエン	苦い	苦 グー
	塩辛い	咸 シェン	ゴミ箱	垃圾箱 ラージーシャン
辛い	辣 ラー	すっぱい	酸 スァン	領収書	发票 ファピャオ

基本会話

グルメ

ショッピング

ビューティ

見どころ

エンタメ

ホテル

乗りもの

基本情報

単語集

ここを拭いて ください。	请擦一下 这里。 チンツァイーシャ ジェリ Please wipe here.
テーブルの上を 片付けてください。	请把桌子 收拾一下。 チンバージュオズ ショウシイーシャ Please clear the table.
ラー油を とってください。	请给我 辣椒油。 チンゲイウォ ラージャオヨウ Please pass me the La Jiao You.
小皿を とりかえてください。	请给我 换一个 小碟子。 チンゲイウォ ファンイーガ シャオディエズ Please bring us new dishes.

テーブルセッティング◉P.37

| おなかいっぱいです。 | 吃饱了。
チーバオラ
I'm full. |
| まだ食べ終わって
いません。 | 还没吃完。
ハイメイチーワン
I haven't finished yet. |

お会計をしましょう

> 領収書をきちんと
> カクニン。間違い
> があればお店の人
> に伝えましょう。

会計をお願いします。	结账。 ジェジャン Check, please.
計算違いが あるようです。	好像 算错钱了。 ハオシャン スワンツォチェンラ I think the check is incorrect.
全部でいくらに なりますか?	一共 多少钱? イーゴン ドゥオシャオチェン How much is the total?
支払いはクレジットカ ードでもいいですか?	可以 用信用卡吗? クーイー ヨンシンヨンカーマ Do you accept credit cards?
領収書をください。	请给我 发票。 チンゲイウォ ファピャオ Receipt, please.

LOOK

▢ をください。

请给我 ▢ 。

チンゲイウォ ▢ , please.

前菜
开胃菜
ガイウェイツァイ

九色簪盒
ジュスェザンホー

🅙【冷菜9種盛り】

カニ
螃蟹
パンジェ

大闸蟹
ダージャーシエ

🅙【上海蟹】

蟹粉菜心
シェフェンツァイシン

🅙【蟹肉のチンゲン菜添え】

蟹粉扒豆腐
シェフェンパードウフ

🅙【蟹の玉子と豆腐炒め】

薯蓉炬蟹斗
ジュロンジュジェドウ

🅙【蟹肉入りグラタン】

蟹粉狮子头
シェフェンシーズトウ

🅙【蟹味噌の肉団子】

清炒蟹粉
チンチャオシェフェン

🅙【蟹肉蟹味噌炒め】

どれも
おいしそう～

エビ
虾
シャ

干烧虾仁
ガンシャオジャレン

🅙【エビのチリソース】

韩酱爆双鲜
パンジャンパオシュアンシェン

🅙【エビイカチリソース炒め】

生焖大虾
シォンメンダージャ

🅙【車エビのエビチリ】

清炒河虾仁
チンチャオホージャレン

🅙【剥き川エビ炒め】

酱爆大明虾
ジャンパオダーミンジャ

🅙【車エビの甘辛炒め】

アワビ
鲍鱼
パオユー

炖干鲍鱼
ドゥンガンパオユー

🅙【干しアワビの姿煮】

佛跳墙
フォティアオチャン

🅙【高級食材スープ】

魚
鱼
ユー

炖干鱼翅
ドゥンガンユーチー

🅙【フカヒレの姿煮】

炸干鱼
ジャガンユー

🅙【魚のから揚げ】

醋椒桂鱼
ツゥジャオグゥイユー

♪【白身と唐辛子入りの煮魚】

松鼠黄鱼
ゾンシュファンユー

♪【揚げ魚の甘酢あんかけ】

渝信水煮鱼
ユーシンシュイジュユー

♪【揚げ魚入りの唐辛子スープ】

八宝辣酱
バーバオラージャン

♪【大豆や豚肉の豆板醤炒め】

豉椒鱼扣鱼卜煲
チージャオユーコウユーブーバオ

♪【ナマズの浮袋の炒め物】

倒笃菜尖椒炒蚬子肉
ダオドゥツァイジェンジャオチャオシェンズロウ

♪【野菜と貝類の煮物】

アヒル・鶏肉
鸭肉・鸡肉
ヤーロウ・ジーロウ

北京烤鸭
ベイジンガオヤー

♪【北京ダック】

口水鸡
ゴウシュイジー

♪【辣油タレの蒸し鶏】

糟熘鸭三白
ザオリウヤーザンバイ

♪【鴨とレバーの炒め煮】

酱烧老板鸭
ジャンシャオラオバンヤー

♪【鴨肉の味噌ソース炒め】

沙姜鸡
ジャジャンジー

♪【鶏の生姜蒸し】

白斩鸡
バイジャンジー

♪【ゆで鶏】

豚肉
猪肉
ジューロウ

烤乳猪
カォルージュー

♪【仔豚の丸焼き】

东坡肉
ドンポォロウ

♪【豚肉の角煮】

手抓大排
ショウジュアダーバイ

♪【骨付き豚バラ肉の唐揚げ】

三杯小排
ザンベイシャオバイ

♪【豚スペアリブの三杯酢炒め】

糖醋茭白
ダンヅゥジャオバイ

♪【黒酢の骨付き酢豚】

次は何を
たべよう
かな〜

化皮烧肉
フゥピーシャオロウ

♪【皮が香ばしい焼豚】

外婆红烧肉
ワィポォポンシャオロウ
♪【皮付き肉の炒め煮】

叉烧
チャシャオ

♪【チャーシュー】

基本会話
グルメ
ショッピング
ビューティ
見どころ
エンタメ
ホテル
乗りもの
基本情報
単語集

LOOK

請給我 ⬜⬜⬜ をください。
チンゲイウォ ⬜⬜⬜
⬜⬜⬜ , please.

牛肉・羊肉
牛肉・羊肉
ニウロウ・ヤンロウ

蚝油牛肉
パオヨウニウロウ

❶【牛肉のオイスター炒め】

牛柳雪茸菇
ニウリウシュエロングー

❶【牛肉と雪茸のピリ辛炒め】

红烧闷窝骨筋
ホンシャオメンウォグージン

❶【牛の腸裏肉の醤油煮込み】

羊肚仁
ヤンドゥレン

❶【羊の胃袋の炒めもの】

野菜など
蔬菜
シューツァイ

麻婆豆腐
マーポォドウフ

❶【マーボー豆腐】

炒青菜
チャオチンツァイ

❶【青菜炒め】

鱼香茄子煲
ユーシャンチェズバオ

❶【土鍋で炒めた麻婆豆腐】

麻豆腐
マードウフ

おからを
羊の油で
炒めた料
理。
❶【マー豆腐】

干爆四季豆
ガンバオスージードウ
❶【インゲン豆の唐辛子炒め】

香菇面筋
シャングーミェンジン

❶【シイタケと油揚げの醤油煮】

清炒牛肝菌
チンチャオニウガンジュン

❶【キノコの炒め物】

グラスが汚れています。
取り替えてください。

杯子脏了，请给我 换一个。
ベイズザンラ チンゲイウォ ファンイーガ
My glass is dirty, I'd like another one.
テーブルセッティング⇒P.37

粥の代わりにスープに
してください。

请把粥 改成汤。
チンバージョウ ガイチョンタン
I want soup instead of the porridge, please.
メニュー⇒P.32

すみませんが注文を
変更してください。

对不起，我想 换一下 点的菜。
ドゥイブチー ウォシャン ファンイーシャ ディエンダツァイ
Excuse me, I'd like to change my order.

これを持ち帰っても
いいですか？

可以 打包吗？
クーイー ダーバオマ
Can I take this home?

34

基本会話
グルメ
ショッピング
ビューティ
見どころ
エンタメ
ホテル
乗りもの
基本情報
単語集

精進料理 素斋 スージャイ	佛門乳汁肉 フォメンルージーロウ ❶【大豆を使った精進料理】	红油明虾 ポンヨウミンジャ ❶【エビに見立てた精進料理】	 ダシが きいてて おいしい〜
鍋 锅 グォ	涮羊肉 シュァンヤンロウ ❶【羊肉のしゃぶしゃぶ】	特选羊肉麻辣锅 テェシュェンヤンロウマーラーグォ 羊肉を2 種のスー プで食べ る鍋。 ❶【羊肉マーラー鍋】	砂锅 ジャグォ ❶【砂鍋】
スープ 汤 タン	牛肉汤 ニウロウタン ❶【牛ダシのスープ】	谭府浓汤鱼翅 ダンフーノンタンユーチー ❶【フカヒレスープ】	酸辣汤 スァンラータン 酸味と辛 味が効い た具だく さんスー プ。 ❶【サンラータン】
麺・飯類 麺・饭 ミェン・ファン	牛肉面 ニウロウミェン ❶【牛肉麺】	刀削面 ダオシャオミェン ❶【刀削麺】	担担面 ダンダンミェン ❶【坦々麺】

酸汤面 スァンタンミェン ❶【酸湯麺】	炸酱面 ジャジャンミェン ❶【ザージャー麺】	上海冷面 シャンハイランミェン 夏野菜た っぷりの 和え麺。 ❸【上海冷麺】	虾仁蟹粉面 シャレンシェフェンミェン ❶【えびの蟹味噌炒め麺】
炒饭 チャオファン ❶【チャーハン】	粥 ジョウ ❶【粥】	海南鸡饭 ハイナンジーファン ❶【海南地方の蒸し鶏ごはん】	古法糯米鸡翼 グーファヌォミージーイー ❶【手羽先おこわ】

| □□□□ をください。 |
| 请给我 □□□□ 。 |
| チンゲイウォ □□□□ |
| □□□□ , please. |

点心
点心
ティエンシン

蟹黄水饺
ジェファンシュイジャオ

❶【蟹肉水餃子】

煎饺
ジェンジャオ

❶【焼き餃子】

韭菜饺子
ジュウツァイジャオズ

❶【ニラ餃子】

烧卖
シャオマイ

❶【シュウマイ】

虾肉烧卖
ジャロウシャオマイ

❶【えびシュウマイ】

馄饨
プントゥン

❶【ワンタン】

小笼包
シャオロンバオ

❶【小籠包】

蟹粉小笼包
ジェフェンシャオロンバオ

❶【蟹肉小籠包】

春卷
チュンジュエン

❶【春巻】

肠粉
チャンフェン

米汁のク
レープで
エビなど
を巻いた
もの。

❶【腸粉】

腐竹卷
プージュジュエン

❶【ゆば巻き】

油条
ヨウティアオ

❶【揚げパン】

馒头
マントウ

❶【饅頭】

肉包子
ロウバオズ

❶【肉まん】

莲子包
リエンズーバオ

❶【はすの実入りあんまん】

芋角
ユージャオ

❶【タロイモのコロッケ】

デザート
甜品
ティエンピン

杏仁豆腐
シンレンドウフ

❶【杏仁豆腐】

龟苓膏
ダイリンガオ

❶【亀ゼリー】

豆花
ドウファ

豆腐をダ
シ汁やシ
ロップに
浸して食
べる。

❶【豆花】

基本会話
グルメ
ショッピング
ビューティ
見どころ
エンタメ
ホテル
乗りもの
基本情報
単語集

炸芝麻団子 ジャジーマートゥァンズ ❶【揚げごま団子】	奶油小饅頭 ナイヨウシャオマントウ ❶【カスタード入り揚げ饅頭】	月餅 ユエビン ❶【月餅】	棗泥酥餅 ザオニーズービン サクサク生地にナツメと大豆あん入り。 ❶【ゾオニースゥピン】
蛋撻 ダンター ❶【エッグタルト】	核桃露 ホータオルー ❶【くるみの汁粉】	紅豆沙西米露 ホンドウジャシーミールー ❶【タピオカ冷製汁粉】	原汁木瓜炖官燕 ユエンデームーグァドゥングァンイェン ❶【ツバメの巣のデザート】
八宝飯 バーバオファン ❶【八宝飯】	芒果神冰 マングォシェンビン ❶【マンゴーシャーベット】	花生冰沙 ファシェンビンシャ ❶【ピーナッツのかき米】	果醋 グォツゥ ❶【フルーツ酢】

一般的なテーブルセッティング

ナプキン
餐巾
ツァンジン

グラス
杯子
ベイズ

ワイングラス
紅酒杯
ホンジウベイ

中国酒用グラス
白酒杯
バイジウベイ

レンゲ
湯勺
タンシャオ

小皿
小碟
シャオディエ

箸置き
筷枕
クァイジェン

汁椀
小湯碗
シャオタンワン

取り皿
餐碟
ツァンディエ

箸
筷子
クァイズ

北京ダック、上海蟹をいただきましょう

せっかくだからちょっと贅沢して、本場の北京ダック、上海蟹をいただきましょう。
グルメの国・中国の人々に愛される味を堪能したいですね。

北京ダックと上海蟹って、どんなもの？
北京料理の代表格・北京ダックは、高温の窯でこんがりと焼き上げられた香ばしい皮とジューシーな肉が魅力。上海蟹は、体長約10cmと小ぶりながら、まったりと濃厚な味わい。まずはシンプルな蒸しガニで、そのおいしさを味わって。

北京ダック、上海蟹を食べるときに使うフレーズ

北京ダックを1羽 [上海蟹を2杯]ください。	请来1只北京烤鸭[2只大闸蟹]。 チンライイージーベイジンカオヤー［リャンジーダージャーシエ］ A whole Peking Duck[Two Shanghai Crabs], please.
私は北京ダック[上海蟹]を初めて食べます。	我第一次吃北京烤鸭[大闸蟹]。 ウォディーイーツーチーベイジンカオヤー［ダージャーシエ］ This is my frist time to have Peking Duck[Shanghai Crab].
もう少しよく焼いて[ゆでて]ください。	请再烤[煮]一下。 チンザイカオ［ジュー］イーシャ Please grill[boil] more.
食べ方を教えていただけますか？	能告诉我 这个怎么吃吗？ ノンガオスーウォ ジェイガゼンマチーマ Could you tell me how to eat this?
もっとパン[タレ]をください。	请再来点饼[调料]。 チンザイライディエンビン［ティアオリヤオ］ I want more pancakes[sauce], please.
香ばしくておいしいです。	又香 又好吃。 ヨウシャン ヨウハオチー It is savory and delicious.
ダックの骨はスープにしてください。	请用骨头 做汤。 チンヨングートウ ズォタン Please make a soup with bones.

北京ダックを半羽注文したいときは、
半只
バンジー
と伝えましょう。

テーブルの上はこんな感じです

バン
饼
ビン

(手洗い用)水
净手水
ジンショウシュイ

北京ダックの皮
北京烤鸭的鸭皮
ベイジンカオヤーダヤーピー

ネギ
葱
ツォン

タレ
甜面酱
ティエンミエンジャン

蒸しガニ
蒸螃蟹
ジョンパンシエ

タレ
螃蟹用调料
パンシエヨンティアオリャオ

食べ方&ヘルプフレーズ

\北京ダック/

1. ダックの皮だけを
タレにつけて食べる

2. 薄いパンでダックの
皮、ネギ、タレを巻いて食べる

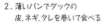

3. ダック骨スープを
飲んで、すっきり

\上海蟹/

1.「ヘソ」を取り、甲羅を開けて
胴体から外す

2. エラ・内臓類を取り、胴体を半分に割る

3. かぶりついたり、殻を割って食べる

小皿をもう一枚ください。
请再拿一个小碟。
チンザイナーイーガシャオディエ
I want another plate, please.

スプーンをください。
请拿一个勺子。
チンナーイーガシャオズ
I want a spoon, please

ここを拭いてください。
请擦一下 这里。
チンツァイーシャ ジェリ
Please wipe here.

水をかえてください。
请换水。
チンファンシュイ
Please change water.

39

小籠包、飲茶はこうしてオーダー

たっぷり肉汁がたまらない小籠包と、さまざまなおいしさに出会える飲茶。
どれから食べようか、迷ってしまうのも楽しいですね。

小籠包
小笼包
シャオロンバオ

えびシュウマイ　虾仁烧卖
シャーレンシャオマイ

チャーシュー入り肉まん　叉烧包
チャシャオバオ

1. 酢と醤油で
タレを作り、
ショウガを
添える

2. 上部をつま
み、そっと
小皿に取る

3. タレをからめて
レンゲにのせる

4. 横からスー
プを吸いな
がら食べる

\こんなメニューも…/

蟹

蟹粉小籠包
蟹粉小笼包　シエフェンシャオロンバオ

ヘチマ&えび

絲瓜蝦仁小籠包
丝瓜虾仁小笼包　スーグワシャーレンシャオロンバオ

タロイモ

芋泥小籠包
芋泥小笼包　ユーニーシャオロンバオ

(小籠包、飲茶を食べるときに使うフレーズ)

おすすめの小籠包は何ですか？	哪种小笼包好吃受欢迎？ ナージョンシャオロンバオハオチーショウファンイン Which soup dumplings do you recommend?
これは何人分ですか？	这是几人份的？ ジェシージーレンフェンダ How many servings is this?
何が入っていますか？	里面有什么？ リーミエンヨウシェンマ What is in it?

基本会話

グルメ

ショッピング

ビューティ

見どころ

エンタメ

ホテル

乗りもの

基本情報

単語集

いろいろな種類を、ちょっとずつ

大根もち 萝卜饼
ルオボビン

豚のスペアリブ蒸し 蒸猪排
ジョンジュウパイ

えび蒸し餃子 蒸虾饺子
ジョンシャジャオズ

マンゴープリン 芒果布丁
マングオブーディン

飲茶
饮茶
インチャー

豉汁鳳爪 豉汁凤爪
チージーフォンジュア
鶏の脚先の豆豉ソース蒸し。
コラーゲンたっぷり。

寿桃包 寿桃包
ショウタオバオ
小豆餡の入った蒸し
饅頭。桃の形が愛らし
い。

糯米包 糯米包
ヌオミーバオ
おこわを薄皮で包ん
で蒸したもの。ボリ
ューム満点。

鳳尾蝦多士 凤尾虾吐司
フォンウェイシャートゥーズー
えびのすり身を食パ
ンにのせて揚げた
もの。

どのくらいで できますか？	多长时间能做好？ ドゥオチャンシージエンノンズオハオ How long does it take?
このお皿を 片付けてください。	请收拾一下盘子。 チンショウシーイーシャバンズ Please take this plate away.
甘い点心は ありますか？	有甜点吗？ ヨウティエンディエンマ Do you have any sweet Dim Sums?

屋台の地元フードにチャレンジしましょう

屋台では簡単なコミュニケーションで買うことができます。
屋台のおばちゃんとのやりとりを存分に楽しみましょう。

看板を見てみましょう

屋台によって看板の
内容は様々ですが、
商品の名前を羅列し
た看板が多くみられ
ます。こちらの看板
のように、商品の値
段が表示されていな
い場合も多いので、
直接売り子の人に声
をかけてみましょう。

臭豆腐
チョウドウフ
臭豆腐

生炒花枝
ションチャオファジー
生炒花枝

台湾名物・夜市って？

夜市は、地元の人々の暮らしに欠かせない巨大な屋
台街。夕方6時頃から深夜1時過ぎまでやっていま
す。週末の夜市は身動きが取れないほどのにぎわい
です。上海では南京東路、北京では王府井の路地に
小吃（シャオチー）屋台が並びます。

では注文しましょう

 おばちゃん、こんにちは。

阿姨 你好。
アーイー ニーハオ

いらっしゃい、何にする？

欢迎光临 来点什么？
ファンイングウンリン ライディエンシェンマ

 これは何？

这是什么？
ジェシーシェンマ

それは大鸡排だよ。おいしいよ。

那是大鸡排。很好吃啊。
ナーシーダージーパイ ヘンハオチーア

 1ついくら？

一个多少钱？
イーガドゥオシャオチエン

50元だよ。

50元。
ウーシーユアン

 1つちょうだい。

来一个。
ライイーガ

はいよ。

好嘞。
ハオレイ

42

LOOK

☐☐☐ をください。

请给我 ☐☐☐ 。
チンゲイウォ ☐☐☐
☐☐☐, please.

| | | | |

荷叶饭
ホーイェファン

【蓮の葉ご飯】

屋台フード（北京）
大排档（北京）
ダーパイダン（ベイジン）

桂花紫米粥
グィファズーミージョウ

【桂花紫米粥】

水饺
シュイジャオ

【水餃子】

豆汁和油条
ドウジーブーヨウティアオ

【豆汁と揚げパン】

水果串
シュイグオチュアン
【フルーツの串刺し】

屋台フード（上海）
大排档（上海）
ダーパイダン（シャンハイ）

生煎
シェンジェン

【焼肉まん】

汤包
タンバオ

【大きめの小籠包】

馅饼
シェンビン

【野菜や肉のおやき】

屋台フード（台北）
大排档（台北）
ダーパイダン（ダイベイ）

卤肉饭
ルーロウファン
素込んだ肉そぼろをごはんにのせたもの。

【魯肉飯】

胡椒饼
フージャオビン
窯焼きの皮の中には、胡椒のきいた豚肉のあん。
【胡椒餅】

木瓜牛奶
ムーグアニュウナイ

【パパイヤミルク】

屋台で使おう

| お箸 [お皿] を
ください。 | 请给个筷子[碗]。
チンゲイガクワイズ [ワン]
Chopsticks[Plates] please. |
| ここに座っても
いいですか? | 可以坐这里吗？
クーイーズオジェリマ
May I sit here? |
| <u>ビール1本</u>とコップを
<u>2</u>つください。 | 请来1瓶啤酒和2个杯子。
チンライイーピンピージウフーリャンガベイズ
A bottle of beer and two glasses, please. |

数字➡P.148
飲み物➡P.49
テーブルセッティング➡P.37

基本会話

グルメ

ショッピング

ビューティ

見どころ

エンタメ

ホテル

乗りもの

基本情報

単語集

43

フードコートは手際よく、上手に利用がおすすめです

時間がなくても、一人でもグループでも、気軽に立ち寄れる
フードコート。各地方の名物料理がバラエティ豊かにそろいます。

 好きなメニューを選びましょう

小吃（軽食）や定食など、い
ろんなおかずブースがあり、
それらを一度に味わえるの
がフードコート。おかずを選
ぶときに単語がわからなく
ても、指さしでメニューを示
せば大丈夫。

炒芹菜
チャオチンツァイ
セロリの炒め物

鲜贝汤
シェンベイタン
ハマグリのスープ

炖南瓜
ドゥンナングァ
カボチャの煮物

饭
ファン
ご飯

三色蛋
サンスーダン
三色卵

辣鸡
ラージー
ピリ辛チキン

 では注文しましょう

お昼時のフードコート
は、地元のお客さんで
大にぎわい。ゆっくり食
べたいときは少し時間
をずらしましょう。

 いらっしゃいませ。
欢迎光临。
ファンイングァンリン

 何かおすすめのメニューはありますか。
有什么 可以推荐的吗？
ヨウシェンマ クーイートゥイジェンダマ

こちらのセットがおすすめです。

向您推荐 这个套餐。
シャンニントゥイジェン ジェイガタオツァン

ではそれをください。
那就 给我那个吧。
ナージウ ゲイウォネイガパ

飲み物のサイズは何にしますか。

饮料 要什么号的？
インリャオ ヤオシェンマハオダ

中にします。
要中号。
ヤオジョンハオ

150元になります。

一共150元。
イーゴンイーバイウーシーユアン

はい、どうぞ。
给。
ゲイ

LOOK

_____ をください。

请给我 _____。
チンゲイウォ _____
_____ , please.

B級グルメ

风味小吃
フェンウェイシャオチー

涼面
リャンミェン

ピーナッツダレと醤油ダレをからめて食べる。
🅙【涼麺】

牛肉面
ニウロウミェン

牛肉がどっさりのった、コシのある麺。
🅙【牛肉麺】

排骨饭
パイグーファン

🅙【排骨飯】

水煎包
シュイジェンバオ

肉や野菜を皮で包んで、蒸し焼きにしたもの。
🅙【水煎包】

排骨饭
パイグーファン

ごはんに、タレのしみた揚げ豚肉をのせたもの。
🅙【排骨飯】

鸡肉饭
ジーロウファン

🅙【鶏肉飯】

粽子
ゾンズ

🅙【ちまき】

汤
タン

🅙【スープ】

肉粥
ロウジョウ

ダシをベースに、醤油で味を調えたシンプルなお粥。
🅙【肉粥】

この席は空いていますか？	这座有人吗？ ジェズォヨウレンマ Is this seat taken?
食器はどこに下げればいいですか？	餐具放哪儿好？ ツァンジュファンナアルハオ Where do I return the dishes?

テーブルセッティング🅙P.37

お役立ち単語集 WORD

皿	碟子 ディエズ	フォーク	叉子 チャズ	中華料理	中餐 ジョンツァン
コップ	杯子 ベイズ	トレー	托盘 トゥオパン	和食	日餐 リーツァン
箸	筷子 クァイズ	セルフサービス	自选 ズーシュアン	インド料理	印度菜 インドゥツァイ
スプーン	勺子 シャオズ	メニュー	菜单 ツァイダン	西洋料理	西餐 ジーツァン
		単品	单品 ダンピン	ファストフード	快餐 クァイツァン
		セットメニュー	套餐 タオツァン	レジ	收款机 ショウクァンジー

スイーツショップ&茶館・カフェでひと息

ちょっとひと息つきたいときに、行きたくなるのが街中のカフェ。
せっかくだから、本場の中国茶を味わうのもいいですね。

> ちょっとひといき

ここに座ってもいいですか？	可以 坐这儿吗？ クーイー ズォジェアルマ Can I sit here?	
ジャスミン茶をください。	请给我 茉莉花茶。 チンゲイウォ モーリーファチャ Can I have jasmine tea?	
これを2つください。	给我两个 这个。 ゲイウォリャンガ ジェイガ Can I have two of these?	数字⇒P.148
どんなデザートがありますか？	有什么 甜点？ ヨウシェンマ ティエンディエン What kind of desserts do you have?	
おすすめは何ですか？	您推荐 哪种？ ニントゥイジェン ナージョン What do you recommend?	
セットメニューはありますか？	有套餐吗？ ヨウタオツァンマ Do you have a set meal?	
とてもおいしいです。	非常好吃。 フェイチャンハオチー It's delicious.	
テイクアウトできますか？	可以打包吗？ クーイーダーバオマ Can I take this home?	
スプーンを2つください。	给两个勺子。 ゲイリャンガシャオズ Can I have two spoons?	数字⇒P.148
マンゴーを使ったスイーツはありますか？	有用芒果做的 甜点吗？ ヨウヨンマングォズオダ ティエンディエンマ Do you have a dessert with mango?	

LOOK

| _____ をください。
请给我 _____ 。
チンゲイウォ _____
_____ , please.

中国茶
中国茶
ジョングォチャ

黒茶
ベイチャ

❶【黒茶】

黄茶
ホァンチャ

❶【黄茶】

紅茶
ホンチャ

❶【紅茶】

蓝茶
ランチャ

❶【青茶】

绿茶
リュチャ

❶【緑茶】

白茶
バイチャ

❶【白茶】

花茶
ファチャ

❶【花茶】

乌龙茶
ウーロンチャ

❶【ウーロン茶】

普洱茶
プーアルチャ

❶【プーアル茶】

茉莉花茶
モーリーファチャ

❶【ジャスミン茶】

桂花龙井
グィファロンジン

❶【キンモクセイの緑茶】

人気のスイーツは何ですか？

哪个甜点 有人气？
ネイガティエンディエン ヨウレンチー
What is the famous dessert?

もう一度メニューを見せてください。

再给我 看一遍 菜单。
ザイゲイウォ カンイービェン ツァイダン
I'd like to see the menu again.

コーヒーのミルクをください。

请给我 咖啡用的牛奶。
チンゲイウォ カーフェヨンダニウナイ
I'd like some milk for my coffee, please.

ワンポイント お茶受けも魅力です

水果拼盘
シュイグォピンパン
季節のフルーツ

芒果干
マングォガン
ドライマンゴー

核桃
ホータオ
くるみ

炒杏仁
チャオシンレン
煎り杏仁

饼干，蛋糕
ビンガン ダンガオ
クッキーやケーキ

基本会話

グルメ

ショッピング

ビューティ

見どころ

エンタメ

ホテル

乗りもの

基本情報

単語集

夜ごはんはおしゃれ居酒屋へ

旅先の夜を満喫するために、女子会はいかがですか？
おいしいおつまみとお酒で、きっと素敵な思い出になります。

さあ、一杯やりましょう

予約していませんが、入れますか？	我们 没预约，有 空位吗？ ウォメン メイユーユェ ヨウ コンウェイマ We don't have a reservation, but can we come in?
青島ビールをください。	请给我 青岛啤酒。 チンゲイウォ チンダオビージウ Give me Tsingtao beer.　　　　飲み物→P.49
おすすめのお酒は何ですか？	有什么 可推荐的酒吗？ ヨウシェンマ クートゥイジェンダジウマ Could you recommend some drinks?
この紹興酒がおすすめです。	我向您 推荐 绍兴酒。 ウォシャンニン トゥイジェン シャオシンジウ I recommend this shaoxing jiu.　　飲み物→P.49
OK、それをいただきます。	好，请给我 一瓶。 ハオ チンゲイウォ イーピン OK, I'll try it.
甘口 [辛口] のものはどれですか？	哪个是甜的[辣的]？ ナーガシーティエンダ [ラーダ] Which one is the sweet[hot] one?
これは強いお酒ですか？	这酒 有劲吗？ ジェジウ ヨウジンマ Is this drink strong?
ノンアルコールの飲み物はありますか？	有不含酒精饮料吗？ ヨウブーハンジウジンインリャオマ Do you have non-alcohol drinks?
水をください。	请给我 杯水。 チンゲイウォ ベイシュイ I'd like to have some water.
グラスを4つください。	请给我 四个杯子。 チンゲイウォ スーガベイズ We want four glasses, please. テーブルセッティング→P.37 数字→P.148

48

基本会話
グルメ
ショッピング
ビューティ
見どころ
エンタメ
ホテル
乗りもの
基本情報
単語集

| _____ |をください。

请给我 _____ 。
チンゲイウォ

_____ , please.

飲み物
酒水
ジウシュイ

鸡尾酒
ジーウェイジウ

❶【カクテル】

啤酒
ビージウ

❶【ビール】

绍兴酒
シャオシンジウ
❶【紹興酒】

白酒
バイジウ
❶【白酒】

红葡萄酒
ホンプウタオジウ

❶【赤ワイン】

酸梅汤
スアンメイタン

❶【酸梅湯】

菊花茶
ジュファチャ

❶【菊花茶】

珍珠奶茶
ジェンジュナイチャ

❶【パールミルクティー】

柠檬红茶
ニンモンホンチャ

❶【レモンティー】

芒果汁
マングォジー

❶【マンゴージュース】

飲み物のメニューをください。	请给我 饮料的菜单。 チンゲイウォ インリャオダツァイダン Please give me a drink menu.
コースメニューはありますか？	有套餐吗？ ヨウタオツァンマ Do you have a course menu?
これはどうやって食べますか？	这个怎么吃？ ジェイガゼンマチー Can you tell me how to eat this?

気に入った
時はコレ

同じものをもう一杯ください。

再给我 拿一杯一样的。
ザイゲイウォ ナーイーベイイーヤンダ
I'd like to have another one.

49

マナーを守って伝統の味を楽しみましょう

食べる時のマナーで、特に日本人が気をつけなくてはならないことは少なく、むしろ同席者一同が気軽に楽しみながら味わえるような心配りをすることのほうが大切です。

中国料理の
レストランは…

特別な料理を注文したり、グループで個室を利用したりといった場合以外は、ほとんどの店は予約がなくても大丈夫。

服装の決まり
（ドレスコード）は…

高級レストランでもドレスコードを問われることはほとんどありません。一部の店で男性のサンダル履きや短パンが不可、という程度です。気軽な服装でOKですが、相応の格好をしていくと丁重にもてなされることも。

入店すると…

スタッフがテーブルまで案内してくれることが多いです。
席に着くとメニュー（菜単）を持ってきます。写真が載っていない場合は料理名から見当をつけて頼みましょう。

中華料理と言えばターンテーブル転台（ジュアンタイ）と大皿料理、ですね。

他にも気をつけたいことは？

①大皿料理を食べるときは？

取り箸は用意されていないので、自分の箸を使います。料理は上座（出入口から一番遠い場所）の人から順番に取っていきます。最後の人まで行き渡るように配慮を。

②器類は持ってもいい？

持っていいのは、箸、レンゲ、グラスだけです。日本とは違って、スープやご飯の入った器は持ち上げないので注意しましょう。

魚を
食べるときは…

魚はひっくり返して食べないようにしましょう。これは、「船がひっくり返る」ということを表すと考えられているためで、特に沿岸部に住む人や漁師は嫌います。

お酒を
飲むときは…①

まずは相手にすすめてから。手酌でひとりだけ楽しむのはNGです。食事は大勢でにぎやかに楽しみましょう。また、酔っぱらって酔いつぶれたり大声で騒いだりするのは恥ずかしいこととされているので注意しましょう。

お酒を
飲むときは…②

宴会では途中で何回も乾杯があります。そのたびに飲まなくてはならないので、飲めない人は事前に申告しておきましょう。乾杯する時は、相手のグラスより少し低い位置でグラスを合わせるのがマナーです。

最近ではあまり見かけませんが…
食べ散らかしたり、食べかすをテーブルの上や下に捨てたりする行為をまねすることは避けましょう。

③箸を置くときは？

横向きではなく、右手に縦に置きます。

④喫煙するときは？
まず、同席の相手にすすめるのがマナーです。また、相手にすすめられた煙草を遠慮して自分のものを吸うのは好意の拒絶と受け取られます。

楽しく自分好みのファッションを見つけましょう

中国靴や鞄、チャイナドレスなど、街にはかわいいファッショングッズがいっぱい。
うまく会話をしてお気に入りのアイテムを見つけましょう。

まずはお店を探しましょう

| デパートはどこにありますか？ | 百货商店在哪里？
バイフォシャンディエンザイナーリ
Where is the department store? | ショップ➡P.53 |
| それはどこで買えますか？ | 在哪里能买到这个？
ザイナーリノンマイダオジェイガ
Where can I buy that? | |

お店についてたずねましょう

営業時間を教えていただけますか？	请告诉我营业时间？ チンガオスゥオインイエシージエン What are the business hours?	
定休日はいつですか？	哪天是休息日？ ナーティエンシージウシリー What day do you close?	
売り場案内図はありますか？	有商场的地图吗？ ヨウシャンチャンダディートゥーマ Do you have a floor map?	
化粧品のおすすめの店はありますか？	有比较好的化妆品店吗？ ヨウビージャオハオダファジュアンピンディエンマ Are there any good cosmetics shops?	コスメ➡P.66
化粧品を買うにはどこに行けばいいですか？	买化妆品去哪里好呢？ マイファジュアンピンチューナーリハオナ Where do I have to go to buy cosmetics?	コスメ➡P.66
エレベーター [エスカレーター] はどこですか？	直梯[滚梯]在哪里？ ジーティー [グンティー] ザイナーリ Where is the elevator[escalator]?	
荷物を預かってもらえるところはありますか？	有存包处吗？ ヨウツンバオチューマ Where is the cloak room?	

基本会話

グルメ

ショッピング

ビューティ

見どころ

エンタメ

ホテル

乗りもの

基本情報

単語集

日本語を話せる スタッフはいますか?	有能说日语的人吗? ヨウノンシュオリーユーダレンマ Is there anyone who speaks Japanese?

店内にATMは ありますか?	店里有 自动取款机吗? ディエンリーヨウ ズードンチュクァンジーマ Do you have an ATM in here?

顧客サービス窓口は どこですか?	服务台在哪里? フーウータイザイナーリ Where is the customer service?

LOOK

_____ はどこですか? _____ 在哪里? _____ ザイナーリ Where is _____ ?	

百货商店 バイフォシャンディエン ❶【デパート】	多品牌店 ドゥオピンバイディエン ❶【セレクトショップ】
购物中心 ゴウウージョンシン ❶【ショッピングモール】	杂货店 ザーフオディエン ❶【雑貨店】
服装店 フージュアンディエン ❶【洋服屋】	包店 バオディエン ❶【カバン屋】
	鞋店 シエディエン ❶【靴屋】
	免税店 ミエンシュイディエン ❶【免税店】
便利店 ビエンリーディエン ❶【コンビニ】	化妆品商店 ファジュアンピンシャンディエン ❶【コスメの店】
香奈儿 シャンナイアール ❶【シャネル】	兰蔻 ランコウ ❶【ランコム】
迪奥 ディーアオ ❶【ディオール】	娇韵诗 ジャオユンシー ❶【クラランス】
纪梵希 ジーファンシー ❶【ジバンシィ】	娇兰 ジャオラン ❶【ゲラン】
欧舒丹 オウシューダン ❶【ロクシタン】	倩碧 チエンビー ❶【クリニーク】
宝格丽 バオグーリー ❶【ブルガリ】	古奇 グーチー ❶【グッチ】
路易・威登 ルーイー ウェイドン ❶【ルイ・ヴィトン】	爱马仕 アイマージー ❶【エルメス】
卡地亚 カーディヤー ❶【カルティエ】	普拉达 プーラーダー ❶【プラダ】
芬迪 フェンディ ❶【フェンディ】	寇驰 コウチー ❶【コーチ】
巴宝莉 バーバオリー ❶【バーバリー】	蒂凡尼 ディーファンニー ❶【ティファニー】

楽しく自分好みのファッションを見つけましょう

お店でお買い物、スタート

何かお探しですか?	您找什么? ニンジャオシェンマ What are you looking for?
見ているだけです。	只是看看。 ジーシーカンカン Just looking.
ごめんなさい、 また来ます。	不好意思，下次再来。 ブーハオイース　シャツーザイライ I'm sorry, I'll come back later.
すみません、 ちょっといいですか?	不好意思，能问一下吗? ブーハオイース　ノンウェンイーシャマ Excuse me, can you help me?
これをください。	请给我 这个。 チンゲイウォ　ジェイガ Can I have this?
(本を見せながら) こ れが欲しいのですが。	我想要 这个。 ウォシャンヤオ　ジェイガ I want this one.
あの<u>セーター</u>を 見せてください。	请让我看看那个毛衣。 チンランウォカンカンネイガマオイー Can I see that sweater?

アイテム⊕P.59

ちょっと考えさせて ください。	让我 再考虑一下。 ランウォ　ザイカオリュイーシャ Let me think about it for a while.
いくらですか?	多少钱? ドゥオシャオチェン How much is it?
このクレジットカードは 使えますか?	能用 信用卡吗? ノンヨン　シンヨンカーマ Do you accept this credit card?
日本円は 使えますか?	能使用日元吗? ノンシーヨンリーユアンマ Can I use Japanese yen?

いらっしゃいませ。
欢迎光临。
ファンイングァンリン

基本会話

グルメ

ショッピング

ビューティ

見どころ

エンタメ

ホテル

乗りもの

基本情報

単語集

商品の値段について

デパートや国営商店以外のお店では、商品の値段は店員との交渉で決まります。最初に提示された金額が、相場の2〜3倍以上ということも！まずは必ず値引き交渉しましょう。

免税で買えますか？	能按免税价格 买吗？ ノンアンミエンシュイジアグー　マイマ Can I buy it tax-free?
免税手続き用の書類 を作成してください。	请做一下免税手续。 チンズオイーシャミエンシュイショウシュー Please make me a tax refund form.
計算違いが あるようです。	好像 算错钱了。 ハオシャン　スウンツォチェンラ I think there is a mistake in this bill.
おつりが 違っています。	找错钱了。 ジャオツォチェンラ You gave me the wrong change.
もう少し安い [高い] ものはありますか？	有更便宜[贵]点的吗？ ヨウゴンピエンイー[グイ]ディエンダマ Do you have a cheaper[more expensive] one?
ちょっと 考えさせてください。	让我 再考虑一下。 ランウォ　ザイカオリュイーシャ Let me think about it for a moment.
素材は何ですか？	什么材料？ シェンマツァイリャオ What is this made of?
セール品は ありますか？	有折扣商品吗？ ヨウジェコウシャンピンマ Do you have anything on sale?

お役立ち単語集 WORD

絹	丝绸 スーチョウ	麻	麻 マー	ポリエステル	聚酯 ジュージー
綿	棉 ミエン	ウール	毛 マオ	皮革	皮革 ピーグー
		カシミヤ	羊绒 ヤンロン	人工皮革	人造皮革 レンザオピーグー
		ナイロン	尼龙 ニーロン	スエード	绒面革 ロンミエングー

楽しく自分好みのファッションを見つけましょう

お目当てを探しましょう

ワンピースは **どこにありますか?**	连衣裙 在哪里? リェンイーチュン ザイナーリ Where can I see a dress? アイテム☞P.59
婦人[紳士]服を 探しています。	有女士[男士]服装吗? ヨウニューシー[ナンシー]フージュアンマ I'm looking for the women's[men's] wear section.
色違いはありますか?	有 别的颜色吗? ヨウ ビエダイェンスーマー Do you have it in different color?
これの**ピンク**は ありますか?	这个有粉色的吗? ジェイガヨウフェンスーダマ Do you have a pink one? 色☞P.63
私のサイズは **4**号です。	我的尺码是4号。 ウォダチーマーシースーハオ My size is 4. サイズ☞P.59
これの**4**号サイズはあ りますか?	这个有4号的吗? ジェイガヨウスーハオダマ Do you have this in 4? サイズ☞P.59
手にとっても いいですか?	我能 拿一下吗? ウォノン ナーイーシャマ Can I pick this up?
最新モデルは どれですか?	哪种是 最新款式? ナージョンシー ズイシンクァンシー Which one is the newest model?
鏡はどこですか?	镜子 在哪里? ジンズ ザイナーリ Where is the mirror?
試着しても いいですか?	可以 试一下吗? クーイー シーイーシャマ May I try this on?
もっと安くして ください。	再便宜点。 ザイピェンイーディエン Please give me a discount.

56

かわいい！
真可愛！
ジェンクーアイ

ピッタリです！
正合适！
ジェンホーシー

基本会話

グルメ

ショッピング

ビューティ

見どころ

エンタメ

ホテル

乗りもの

基本情報

単語集

国営商店やデパートの支払い方法

中国の国営商店やデパートでは、買う
ものを決めたら伝票を書いてもらい、
それをレジに出して支払いを済ませ
てから、伝票と商品を引きかえます。

ちょっと大きい[小さい] です。	有点大[小]。 ヨウディエンダー [シャオ] This is a little big[small].
1サイズ大きい[小さい] ものはありますか？	有 大[小]一号的吗？ ヨウ ダー [シャオ] イーハオダマ Do you have a bigger[smaller] one?
ちょっときつい [ゆるい] ようです。	好像 有点瘦[肥]。 ハオシャン ヨウディエンショウ [フェイ] This is a little tight[loose].
長 [短] すぎます。	太长[短]了。 タイチャン [ドゥアン] ラ This is too long[short].
サイズが 合いませんでした。	大小 不合适。 ダーシャオ ブーホーシー It doesn't fit me.

おすすめを
たずねるなら
コレ

今、流行っているものはどれですか？

现在流行的是哪个？
シエンザイリウシンダシーネイガ
Which one is in fashion now?

お役立ち単語集 WORD

		きつい	瘦 ショウ	柔らかい	软 ルァン
		長い	长 チャン	硬い	硬 イン
大きい	大 ダー	短い	短 ドゥアン	半袖	短袖 ドゥアンシウ
小さい	小 シャオ	厚い	厚 ホウ	長袖	长袖 チャンシウ
ゆるい	肥 フェイ	薄い	薄 バオ	袖なし	无袖 ウージウ

楽しく自分好みのファッションを見つけましょう

サイズを調整して もらえますか？	能换个尺码吗？ ノンファンガチーマーマ Can you adjust the size?
丈の調整は できますか？	能调节尺寸吗？ ノンティアオジエチーツンマ Can you adjust the length?
どれくらい かかりますか？	需要 多长时间？ シューヤオ　ドゥオチャンシージエン How long does it take?
有料 [無料] ですか？	收费[免费]吗？ ショウフェイ[ミエンフェイ]マ Is there a charge [Is this for free] ?
これを明日まで取り置 きしてもらえますか？	能把这个 给我留到明天吗？ ノンバージェイガ　ゲイウォリウダオミンティエンマ Could you keep this until tomorrow?
これは 色落ちしますか？	这个褪色吗？ ジェイガトゥイスーマ Will the color run?
水洗いできますか？	可以水洗吗？ クーイーシュイシーマ Is this washable?

返品したいのですが。	我想 退掉这个。 ウォシャン　トゥイディアオジェイガ I'd like a refund of this.
サイズを間違えたの で交換したいです。	尺码错了想换一件。 チーマーツオラシャンファンイージエン I'd like to change this because I had a wrong size.
汚れ [キズ] があったので 返品[交換] してください。	因为有污垢[损坏]请帮我退货[换一件]。 インウェイヨウウーゴウ [スンファイ] チンバンウォトゥイフオ [ファンイージエン] I'd like to return[exchange] this because it has a stain[scratch].

58

LOOK

:::: はありますか?

有 :::: 吗?
ヨウ :::: マ
Do you have :::: ?

ファッション
服装
ブーヂュアン

大衣
ダーイー

❶【コート】

夹克
ジャクー

❶【ジャケット】

女衫
ニューシャン
❶【ブラウス】

衬衫
チェンシャン
❶【シャツ】

T恤衫
ティーシュシャン

❶【Tシャツ】

吊带背心
ディアオダイベイシン

❶【キャミソール】

毛衣
マオイー
❶【セーター】

开衫
ガイシャン

❶【カーディガン】

连衣裙
リェンイーチュン

❶【ワンピース】

裙子
チュンズ

❶【スカート】

裤子
クーズ

❶【ズボン】

短裤
ドゥアンクー
❶【ショートパンツ】

牛仔裤
ニウザイクー

❶【ジーンズ】

礼服
リーフー
❶【ドレス】

马甲背心
マージャーベイシン
❶【ベスト】

防风衣
ファンフォンイー
❶【ウィンドブレーカー】

保罗衫
バオルオシャン
❶【ポロシャツ】

卫衣
ウェイイー
❶【スウェット】

背心
ベイシン
❶【タンクトップ】

ワンポイント 洋服のサイズについて

中国・台湾の洋服のサイズ表示は、日本とは異なります。洋服選びの際は、こちらのサイズ表を参考にしてください。

	XS	S		M		L		LL	
日本	3号	5号	7号	9号	11号	13号	15号	17号	19号
中国	2	4	6	8	10	12	14	16	18
台湾	—	2号	4号	6号	8号	10号	12号	14号	16号

お気に入りの靴&バッグを見つけたいですね

靴やバッグは色や種類が豊富なので見ているだけでも楽しめます。
店員さんにしっかりと好みを伝えて、希望通りのアイテムを探しましょう。

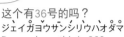
靴屋さん編

これの<u>36</u>サイズは ありますか？	这个有36号的吗？ ジェイガヨウサンリウハオダマ Do you have this in 36 ?

靴のサイズ⏵P.61

少しきつい [ゆるい] ような気がします。	稍微有点小[大]。 シャオウェイヨウディエンシャオ [ダー] I think this is a little tight [loose].

つま先があたります。	顶到脚趾了。 ディンダオジャオジーラ These shoes are pinching my toes.

もう半サイズ大きい[小さい] ものはありますか？	有没有大[小]半号的？ ヨウメイヨウダー [シャオ] バンハオ ダ Do you have half-size bigger [smaller] than this?

ぴったりです。	正好。 ジョンハオ It's perfect.

かかとが高 [低] すぎ るようです。	好像 跟太高[矮]了。 ハオシャン ゲンタイガオ [アイ] ラ I think the heels are too high[low].

> オーダーシューズも人気です
>
> オーダーメイド⏵P.74へ

これに合う靴は ありますか？	有 能和这个 搭配的鞋吗？ ヨウ ノンホージェイガ ダーペイダジェマ Do you have any shoes that go well with this?

スウェードのブーツを 探しています。	在找鹿皮绒靴子。 ザイジャオルービーロンシュエズ I'm looking for swede boots.

お役立ち単語集
WORD

		ミュール	女式凉鞋 ニューシーリャンジェ	ブーツ	靴子 シュエズ
		バレリーナ シューズ	芭蕾舞鞋 バーレイウージェ	ショートブーツ	短筒靴 ドゥアンドンシュエ
パンプス	瓢鞋 ピャオジェ	ハイヒール	高跟鞋 ガオゲンジェ	ハーフブーツ	中筒靴 ジョンドンシュエ
サンダル	凉鞋 リャンジェ	ローファー	路夫鞋 ルーブージェ	ロングブーツ	高筒靴 ガオドンシュエ

基本会話

グルメ

ショッピング

ビューティ

見どころ

エンタメ

ホテル

乗りもの

基本情報

単語集

靴のサイズ表示は
日本とは異なるので注意しましょう。

日本	22.5	23	23.5	24	24.5	25
中国	35	36	37	38	39	40

バッグ屋さん編

黒いバッグが
欲しいのですが。

想要一个黑包。
シャンヤオイーガヘイバオ
I want a black bag.

色 ◎ P.63

ボタン [ジッパー] で
閉まるものがいいです。

要能用扣子[拉锁]关上的。
ヤオノンヨンコウ ズ [ラースオ] グヮンシャン ダ
I want one with buttons[zippers].

ほかの色 [柄] はあり
ますか?

有 别的颜色[花样]吗?
ヨウ ビエダイェンスー [ファヤン] マ
Do you have a different color[design]?

新しいものは
ありますか?

有新的吗?
ヨウシンダマ
Do you have a new one?

防水加工されて
いますか?

经过 防水加工吗?
ジングォ ファンシュイジャゴンマ
Is this waterproof?

これは本革ですか?

这是 真皮的吗?
ジェシー ジェンピーダマ
Is this real leather?

トートバッグを
見せてください。

请给我看看大手提包。
チンゲイウォカンカンダーショウティーバオ
I'd like to see a tote bag.

お役立ち単語集
WORD

旅行用	旅行用 リューシンヨン
仕事用	工作用 ゴンズオヨン
普段用	平时用 ピンシーヨン

肩ひもあり [なし]	帯[不帯]背包帯 ダイ [ブダイ] ベイバオダイ
ポケット	口袋 コウダイ
革製	皮质 ピージー
布製	布制 ブージー
ハンドバッグ	手提包 ショウティーバオ

ショルダー バッグ	挎包 クァバオ
スーツケース	旅行箱 リューシンシャン
ジッパー	拉锁 ラースオ
ファスナー	拉锁 ラースオ
ボタン	扣子 コウズ

LOOK

⬜ （は）ありますか？ 有 ⬜ 吗? ヨウ ⬜ マ Do you have ⬜ ?		ファッション雑貨 流行杂志 リュウシンザージー	项链 シャンリェン ❶【ネックレス】
戒指 ジェジ゙ー ❶【指輪】	耳环 アールファン ❶【ピアス】	耳环 アールファン ❶【イヤリング】	手镯 ショウジュオ ❶【ブレスレット】
帽子 マ゙オズ ❶【帽子】	包 バオ ❶【かばん】	钱包 チェンバオ ❶【財布】	眼镜 イェンジン ❶【眼鏡】
鞋 ジェ ❶【靴】	运动鞋 ユンドンジェ ❶【スニーカー】	零钱包 リンチェンバオ ❶【小銭入れ】	墨镜 モージン ❶【サングラス】
		腰带 ヤオダイ ❶【ベルト】	手表 ショウビャオ ❶【腕時計】
扇子 シャンズ ❶【扇子】	胸针 ションジェン ❶【ブローチ】	项坠 シャンジュイ ❶【ペンダント】	小装饰品 シャオジュアンシービン ❶【チャーム】
披肩 ビージェン ❶【スカーフ】	披肩 ビージェン ❶【ストール】	围巾 ウェイジン ❶【マフラー】	手套 ショウタオ ❶【手袋】
领带 リンダイ ❶【ネクタイ】	领带夹 リンダイジャー ❶【ネクタイピン】	袖扣 シウコウ ❶【カフスボタン】	泳衣 ヨンイー ❶【水着】
袜子 ワーズ ❶【靴下】	丝袜 ズーワー ❶【ストッキング】	胸罩 ションジャオ ❶【ブラジャー】	内裤 ネイクー ❶【ショーツ】

基本会話
グルメ
ショッピング
ビューティ
見どころ
エンタメ
ホテル
乗りもの
基本情報
単語集

			黒的 ヘイダ
色 顔色 イェンスー 			**❶【黒】**
白的 バイダ **❶【白】**	红的 ホンダ **❶【赤】**	蓝的 ランダ **❶【青】**	黄的 ホアンダ **❶【黄】**
绿的 リュダ  **❶【緑】**	粉红的 フェンホンダ  **❶【ピンク】**	橘黄色的 ジュホアンスーダ  **❶【オレンジ】**	紫的 ズーダ **❶【紫】**
乳白色的 ルーバイスーダ  **❶【アイボリー】**	米黄色的 ミーホアンスーダ  **❶【ベージュ】**	茶色的 チャスーダ **❶【茶】**	金的 ジンダ **❶【金】**
银的 インダ **❶【銀】**	**模様・柄** 花样 ファヤン 	条纹的 ティアオウェンダ **❶【縞模様の】**	格子的 グーズダ **❶【チェック】**
花的 ファダ **❶【花柄】**	带点的 ダイディエンダ **❶【水玉】**	单色的 ダンスーダ **❶【無地】**	流行的 リウシンダ **❶【流行の】**

をください。
请给我 ____ 。
チンゲイウォ ____
____ , please.

63

中国コスメを上手にショッピング

つるつる美肌の女性たちはどんなコスメを使っているのでしょうか。
気になるコスメを手にとってみましょう。

中国で入手したいコスメは？

漢方コスメがおすすめです。多種類の天然生薬のエキスを主成分として配合。肌を外側から整えてくれます。栄養クリームから美白パック、アイクリームなど種類も豊富に揃うので、店員さんと会話をしながら自分にあったものを探しましょう。

コスメを探しましょう

高麗人参クリームを探しています。	我在找 人参护肤霜。 ウォザイジャオ　レンシェンフーフーシュワン I'm looking for ginseng cream.	コスメ ➡ P.66
敏感肌でも使えますか？	敏感性皮肤 也能用吗？ ミンガンシンピーフー　イェノンヨンマ Can this be used on sensitive skin?	肌状態 ➡ P.64
日中用[夜用]ですか？	是日霜[晚霜]吗？ シーリーシュワン [ワンシュワン] マ Is it for daytime-use [night time-use]?	
これは何ですか？	这是什么？ ジェシーシェンマ What is this?	

コスメを探すフレーズはコレ

乾燥が気になっています。

脸上有点干燥。
リエンシャンヨウディエンガンザオ
I'm concerned about dry skin.

お役立ち単語集 WORD		クマ	黒眼袋 ベイィエンダイ	敏感肌	敏感性皮肤 ミンガンシンピーフー
		乾燥	干燥 ガンザオ	乾燥肌	干性皮肤 ガンシンピーフー
シミ	黒斑 ヘイバン	保湿	保湿 バオシー	普通肌	普通皮肤 ブートンピーフー
シワ	皱纹 ジョウウェン	オイリー肌	油性皮肤 ヨウシンピーフー	アンチエイジング	抗衰老 ガンシュワイラオ

基本会話

グルメ

ショッピング

ビューティ

見どころ

エンタメ

ホテル

乗りもの

基本情報

単語集

台湾のドラッグストアでコスメを

台湾のドラッグストアには手ごろな
コスメがいっぱい。有名ブランドか
ら地元ブランド、自社ブランドの製品
もあります。おみやげ選びにも最適！

この色に近い口紅はありますか?	有接近 这个颜色的口红吗? ヨウジェジン ジェイガイェンスーダゴウホンマ Do you have lipsticks close to this color? コスメ☞P.66
他の色を見せていただけますか?	能给看看别的颜色吗? ノンゲイカンカンビエダイェンスーマ Can I see the other colors?
新色はどれですか?	哪个是新的颜色? ナーガシーシンダイェンスー Which color is the new one?
もっと薄い[濃い]色のファンデーションはありますか?	有颜色浅一点[深一点]的粉底吗? ヨウイェンスーチェンイーディエン［シェンイーディエン］ダフェンディマ Do you have a foundation in lighter [darker] color? コスメ☞P.66
試してみてもいいですか?	可以 试用一下吗? クーイー シーヨンイーシャマ Can I try this?
UV効果はありますか?	有 防晒作用吗? ヨウ ファンシャイズオヨンマ Does it block UV rays? 効果☞P.67
これと同じものを5つください。	给拿5个 和这个一样的。 ゲィナーウーガ ホージェイガイーヤンダ I'd like five of these. 数字☞P.148
全部でいくらになりますか?	一共 多少钱? イーゴン ドゥオシャオチェン How much is the total?

店員さんに聞いてみましょう

この商品はどうやって使うのですか?

这怎么用?
ジェゼンマヨン
How can I use this?

LOOK

_____ をください。

请给我 _____ 。
チンゲイウォ _____

_____ , please.

コスメ
化妆品
ファジュワンピン

化妆水
ファジュワンシュイ

❶【化粧水】

丝瓜水
スーグァシュイ

❶【ヘチマコロン】

乳液
ルーイェ

❶【乳液】

面霜
ミエンシュワン

❶【クリーム】

眼霜
イェンシュワン

❶【アイクリーム】

面膜
ミエンモー
❶【パック】

美白面膜
メイバイミエンモー

❶【美白パック】

泥面膜
ニーミエンモー

❶【泥パック】

去角质凝胶
チュージャオ
ジーニンジャオ

❶【角質取りジェル】

洗面奶
ジーミエンナイ
❶【洗顔料】

卸妆油
ジエジュアンヨウ
❶【クレンジング】

唇膏
チュンガオ
❶【リップクリーム】

唇油
チュンヨウ
❶【リップ】

精华液
ジンファイェ
❶【美容液】

面膜纸
ミエンモージー
❶【マスク】

唇彩
チュンツァイ

❶【リップグロス】

睫毛膏
ジェマオガオ
❶【マスカラ】

指甲油
ジージャヨウ
❶【マニキュア】

口红
コウホン
❶【口紅】

眼影
イェンイン
❶【アイシャドウ】

粉底
フェンディ
❶【ファンデーション】

粉
フェン
❶【パウダー】

腮红
サイホン
❶【チーク】

眉粉
メイフェン
❶【アイブロウ】

遮瑕膏
ジョーシャーガオ
❶【コンシーラー】

液体
イェディ
❶【リキッド】

LOOK

基本会話

グルメ

ショッピング

ビューティ

見どころ

エンタメ

ホテル

乗りもの

基本情報

単語集

□□□□ のおすすめはどれ?

□□□ 的里面　推荐　哪个?
ダリーミエン　トゥイジエン　ネイガ

Which □□□ do you recommend?

ヘア・ボディケア

头发 身体护理
トウファ・シェンティープーリー

护肤液
プーフーイェ

🔊【ボディローション】

护肤油
プーフーヨウ

🔊【ボディオイル】

身体喷雾剂
シェンティーペン
ウージー

🔊【ボディスプレー】

爽身粉
シュアンシェンフェン

🔊【ボディパウダー】

芦荟水
ルーフェイシュイ

🔊【アロエウォーター】

沐浴露
ムゥユールー
🔊【ボディソープ】

磨砂膏
モージャガオ

🔊【ボディスクラブ】

风油精
フェンヨウジン
🔊【万能オイル】

浴盐
ユーイェン

🔊【バスソルト】

香皂
シャンザオ
🔊【石けん】

洗发液
シーファイェ
🔊【シャンプー】

成分

各种成分
グージョンチョンフェン

中药
ジョンヤオ
🔊【漢方】

护发素
プーファスゥ
🔊【リンス】

营养护理
インヤンプーリー
🔊【トリートメント】

天然药材
テエンランヤオツァイ
🔊【天然生薬】

胶原蛋白
ジャオユエンダンバイ
🔊【コラーゲン】

无香料
ウーシャンリャオ
🔊【無香料】

天然成分
テエンランチョンフェン
🔊【天然成分】

症状・効果

症状・效果
ジョンジュアン・シャオグォ

维他命
ウェイダーミン
🔊【ビタミン】

无着色
ウージュオズー
🔊【無着色】

酒精(无酒精)
ジウジン　ウージウジン
🔊【アルコール(ノンアルコール)】

粉刺
フェンツー
🔊【ニキビ】

暗斑
アンバン
🔊【くすみ】

毛孔
マオゴン
🔊【毛穴】

干燥
ガンザオ
🔊【乾燥】

过敏
グォミン
🔊【アレルギー】

美白
メイバイ
🔊【美白】

抗衰老
カンシュワイラオ
🔊【アンチエイジング】

保湿
バオシー
🔊【保湿】

伝統的な雑貨を買いたい

パワーストーンを使用した印鑑やシルクで作られた品々など。
職人が生み出す芸術品は何年使っても飽きることがありません。

おめあての雑貨はコレ

シルク製品
丝绸产品
スーチョウチャンピン
シルクで作られたチャイナドレスやバッグなどの品々。
ほどこされた刺繍の美しさにも目を奪われます。

茶器セット
茶具
チャジュ
思わずうっとりしてしまう上質な茶器たち。ゆっくり時
間をかけて、お気に入りの品を選びましょう。

中国シューズ
中国鞋
ジョングオシエ
ポップな色がかわいい中国シューズ。オーダーメイドし
たチャイナドレスに合わせて。

印鑑
印章
インジャン
翡翠や白水晶、アメジストなど。好きなパワーストーン
を選んでお守りにもなる印鑑を。

基本会話

グルメ

ショッピング

ビューティ

見どころ

エンタメ

ホテル

乗りもの

基本情報

単語集

（本を見せながら）これが欲しいのですが。

我想要 这个。
ウォシャンヤオ ジェイガ
I'd like this.

いくつほしいですか？

请问 要几个？
チンウェン ヤオジーガ
How many would you like?

2つください。

请 给我两个。
チン ゲイウォリャンガ
Two, please.

数字 ⇒ P.148

家族へのおみやげを探しています。

我想 给家里人 买点什么。
ウォシャン ゲイジャリーレン マイディエンシェンマ
I'm looking for something for my family.

何かおみやげにおすすめのものはありますか？

有什么 好的建议吗？
ヨウシェンマ ハオダジェンイーマ
Could you recommend something good for a souvenir?

右から3番目のものを見せてください。

请给我 从右边数第三个。
チンゲイウォ ツォンヨウビエンシュディサンガ
Please show me the third one from the right.

数字 ⇒ P.148

これは本物ですか？

这是真的吗？
ジェシージェンダマ
Is this real?

手にとってもいいですか？

我能 拿一下吗？
ウォノン ナーイーシャマ
Can I pick this up?

もちろんどうぞ。／すみません、できません。

当然可以。／对不起，不可以。
ダンランクーイー／ ドゥイブチー ブークーイー
Of course you can. ／ Sorry, you can't.

これは何という石ですか？

这是 什么石头？
ジェシー シェンマシートゥ
What stone is this?

鏡を見せてください。

请给我 看一下镜子。
チンゲイウォ カンイーシャジンズ
Please show me the mirror.

人気の物はどれですか？

哪个 有人气？
ネイガ ヨウレンチー
Which one is popular?

活気ある市場でコミュニケーション♪

地元の人々の生活に触れられる、市場探索へ出かけましょう。
熱気と活気があふれる市場で、買い物以外の楽しみもいっぱいです。

市場はこう攻略しましょう
市場では値段表示されていないことが大半です。何店舗かまわって値段を確認してから購入を。
とくに食品は賞味期限のチェックも忘れずに！

いらっしゃい。
欢迎光临。
ファンイングヮンリン

おトクだよ。
有优惠哦。
ヨウヨウフイオ

3つ買うからまけて！
买3个便宜些吧！
マイサンガビエンイージェパ

安くするよ。
可以打折的。
クーイーダージョーダ

試食していい？
可以试吃吗？
クーイーシーチーマ

これいくら？
这个多少钱？
ジェイガドゥオシャオチェン

出来たての生煎包はいかがー？
刚出锅的生煎包吃不吃？
ガンチューグオダションジエンバオチーブチー

食べてみて。
请试吃一下。
チンシーチーイーシャー

マンゴーください。
请给我芒果。
チンゲイウォマングオ

おいしい！
真好吃！
ジェンハオチー

はいよ。
好嘞。
ハオレイ

■ 中国市場事情　人々の生活に密着した市場は、土地柄により特色があります。

上海の市場
布市場では生地やパーツが買えるだけでなくオーダーメイドも可能。

台北の市場
日本統治下で整備された市場が多く、当時の建物も数多く残ります。

市場でチャレンジ

値段交渉をしてみよう

1 | 商品を見せてもらう
欲しい商品を見つけたら、まず商品チェック。手に取って全体を確認をしましょう。

2 | 値段交渉
買うことに決めたら、お店の人に伝えましょう。電卓を片手に値段交渉開始。

3 | 電卓ディスカウント
希望金額を電卓で見せます。値段に開きがあったらまとめ買い交渉へ。

4 | 商品ゲット!
5個以上買うと卸値価格になることが多いです。にっこり笑いながらがコツ。

地元の人が利用する市場はもともと安いので交渉は難しいですが、レジャースポットの市場やショッピングモール内の個人店では言い値や設定額の2～3割引が期待できます。まず4割引ほどの値段を言ってみましょう。次に2、3割引の値段で交渉。最初に超安値を言い徐々に上げていくのがコツです。

| 日持ちしますか? | 保质期长吗?
バオジーチーチャンマ
Does it keep long? |

↓

| 1か月もちます。 | 能保存一个月。
ノンバオツンイーガユエ
It keeps for a month. |

数字➡P.148

お役立ち単語集 WORD

市場	市场 シーチャン	製造日	生产日期 ションチャンリーチー	カラスミ	鱼子酱 ユーズージャン
		賞味期限	保质期 バオジーチー	オイスターソース	蚝油 ハオヨウ
		電卓	计算器 ジースアンチー	ラー油	辣椒油 ラージャオヨウ

スーパー、市場でおみやげ探しを楽しみましょう

日本のスーパーでもおなじみの中国食材はおみやげにも◎。
中国語のパッケージを解読してお得に買いましょう。

五香粉
ウーシャンフェン
↓
五香粉

シナモン、クローブ、山椒、ウイキョウ、八角などの粉末をミックス。

甜酒香豆腐乳
ティエンジウ
シャンドウフルー
↓
甜酒香豆腐乳

豆乳を発酵させたもので、大渓の名産品。炒め物や煮物に。

食用辣椒油
シーヨンラー
ジャオヨウ
↓
食べるラー油

日本でも人気。このほかにも種類豊富。

沙茶酱
シャーチャージャン
↓
沙茶醬

台湾を代表する調味料。炒め物にはもちろん、鍋のつけだれにも。

中药汤包
ジョンヤオタンバオ
↓
**漢方スープ
パック**

個別に買うと面倒な漢方食材が目的別にセットに。お湯で煮出せばOK。

芒果布丁
マンゴオ
ブーディン
↓
**マンゴー
プリン**

ひとくちサイズの食べきりマンゴープリン。おすそわけみやげとして。

「買一送一」の表示は、1つ購入するともうひとつおまけでもらえるサービス対象品を指します。食品や雑貨など色々な商品が対象になっているので売り場で探してみましょう。プチギフトに使えるかも！

**ひとこと
フレーズ**

いくら？
多少钱？
ドゥオシャオチェン

~ください。
请给我~。
チンゲイウォ

これください。
请给我这个。
チンゲイウォジェイガ

5個ください。
请给我5个。
チンゲイウォウーガ

量を減らして。
请减少些分量。
チンジエンシャオシエフェンリャン

基本会話

グルメ

ショッピング

ビューティ

見どころ

エンタメ

ホテル

乗りもの

基本情報

単語集

▌ コンビニみやげもチェック

ささっと買い足したいおみやげ探しに24時間・年中無休のコンビニが便利！地元色あふれるおみやげが喜ばれそう。

食品系
・ご当地スナック菓子
・チューブ入りオイスターソース
・インスタント麺

雑貨系
・漢方ハンドクリーム
・プチプラコスメ
・ご当地キティグッズ

亀苓膏
グイリンガオ
↓
亀ゼリー

缶入りスイーツは香港女子の御用達。食べて美肌に！

百醇
バイチュン
↓
Pejoy

グリコの中国限定ブランド。写真はワイン味。

黒芝麻酥
ヘイジーマースー
↓
黒芝麻酥

黒ゴマを砂糖で固めたもの。濃厚で香ばしい味が口に広がる。

橡皮糖
シャンピータン
↓
橡皮糖

さまざまなフルーツ味のグミ。色あいもカラフルで形もユニーク。

栗子羊羹
リーズヤングン
↓
栗羊羹

小さな栗の粒がいっぱい入った上品な甘さの栗羊羹。

芙蓉茶
フーロンチャー
↓
ハイビスカス茶

甘酸っぱいのでハチミツや砂糖などを加えてもいい。

《 包装を頼みましょう 》

一つひとつ包んでください。	请单独包装起来。 チンダンドゥーバオジュアンチーライ Please wrap these individually.
贈り物用に包んでください。	请给我 礼品包装。 チンゲイウォ リーピンバオジュアン Please wrap this as a gift.
大きな袋に入れてください。	请放在大袋子里。 チンファンザイダーダイズリ Please put it in a large bag.

オーダーメイドにチャレンジしてみましょう

ちょっとハードルは高いですが、オーダーメイドに挑戦してみませんか？
日本よりも安く、自分好みのものがオーダーできるのが魅力です。

靴
鞋
シェ

柄やリボン、高さなど
自分好みに合った靴
がオーダーできる。

布
布料
プーリャオ

最初に布を買って、
そのあとに
縫製してもらう。
チャイナドレスも人気。

コート
大衣
ダーイー

革やムートンコートが人気。
日本より格安で
購入できる。

アクセサリー
飾品
シーピン

シルバーやビーズなど
自分の好きなパーツを
選んで、好みの形に。

> サイズちがいや発送
> のトラブルなどもよく
> あるので、オーダーす
> る際はきちんと確認を
> しましょう。発送の際
> には問い合わせ先な
> どをきちんと聞いてお
> きましょう。

**オーダーメイドに
チャレンジしたい
ものはコチラ**

注文表を活用しましょう

商品名 商品名称 シャンピンミンチェン	数量 数量 シューリャン	サイズ 尺寸 チーツン
フラットシューズ 平底鞋 ピンディシェ	足	_____ (__cm)
パンプス 瓢鞋 ピャオシェ	足	_____ (__cm)
ブーツ 靴子 シュエズ	足	_____ (__cm)
コート 大衣 ダーイー	着	(__号)
ネックレス 項錬 シャンリェン	個	_____ (__cm)
バッグ 包 バオ	個	__cm×__cm ×__cm

商品名 商品名称 シャンピンミンチェン	数量 数量 シューリャン	サイズ 尺寸 チーツン
テーブルクロス 桌布 ジュオブー	枚	__cm×__cm
ピロケース 枕套 ジェンタオ	枚	__cm×__cm
ベッドカバー 床罩 チュアンジャオ	枚	ベッドサイズ __cm×__cm
ソファカバー 沙発套 シャーファータオ	枚	__cm×__cm
カーテン 窓簾 チュアンリェン	枚	__cm×__cm
チャイナドレス 旗袍 チーパオ	着	_____ (__号)

1 デザイン・色・素材選び
お店にある既製品やサンプルから自分の好きなものを選びます。雑誌などを持ち込んでもOK。

2 採寸
サイズを測ります。出来上がったらサイズが違うということもあるのできちんと確認しましょう。

3 完成
商品により1日〜1ヵ月ほどかかります。配送する場合は、問い合わせ先やいつ頃になるかしっかり確認を。

| | にしてください。 Please make it | |

请给我做 。 チンゲイウォズォ

靴	鞋 シェ		アクセサリー	饰品 シーピン		布	布料 ブーリャオ
リボン	蝴蝶結 フーディエジェ		ネックレス	项链 シャンリェン		ストレッチ	弹力 タンリー
チェック	格子 グーズ		ピアス	耳环 アールファン		フリル	褶边 ジェビェン
ドット	带点的 ダイディエンダ		ブレスレット	手镯 ショウジュオ		ベルベット	丝绒 スーロン
ヒョウ柄	豹纹 バオウェン		チェーン	链 リェン		サテン	缎子 ドゥアンズ
ボタン	纽扣 ニウコウ		石	石头 シートウ		ポリエステル	聚酯纤维 ジュジーシェンウェイ
ソール	鞋底 シェディ		ビーズ	珠 ジュー		ストライプ	条纹 ティアオウェン
スパンコール	带亮光的 ダイリャングァンダ		ヒモ	带 ダイ		スエード	鹿皮绒 ルーピーロン
ヒール	高跟 ガオゲン					ステッチ	缝制 フェンジー
サンダル	凉鞋 リャンシェ		コート	大衣 ダーイー		不燃加工	不燃处理 ブーランチュリー
アニマル柄	动物花纹 ドンウーファウェン		牛革	牛皮 ニウピー		遮光	遮光 ジェグァン
防水	防水 ファンシュイ		羊革	羊皮 ヤンピー			
ウエッジ	楔 シェ		アンゴラ	兔毛皮 トゥマオピー			
カジュアル	休闲 シウシェン		ムートン	羊毛皮 ヤンマオピー			
革	皮革 ピーグー		フェイクレザー	人造皮 レンザオピー			
フラット	平 ピン		クロコダイル	鳄鱼 エーユー			

これらの単語は通常のショッピングでも役立ちますね。

マッサージの本場でリフレッシュ

海外でリフレッシュするためにはマッサージやエステも欠かせませんよね。
意思をきちんと伝えられればいつも以上にリラックスができますよ。

まずは予約をしましょう

予約をお願いします。	我想 预约。 ウォシャン ユーユェ I'd like to make an appointment.
明日の午前<u>10</u>時に <u>2</u>名です。	明天上午10点，两个人。 ミンティエンシャンウーシーディエン リャンガレン 時刻⮕P.150 For two persons, tomorrow at ten o'clock in the morning. 数字⮕P.148
今晩<u>7</u>時、<u>2</u>名で予約 をお願いします。	今晚7点，预约两个人。 ジンワンチーディエン ユーユェリャンガレン 時刻⮕P.150 For two persons, tonight at 7 o'clock, please. 数字⮕P.148
全身マッサージを <u>60</u>分お願いします。	做 60分全身按摩。 ズオ リウシフェンチュアンシェンアンモー I'd like to have a full-body massage for sixty minutes. 数字⮕P.148

キャンセル・変更はコチラ

予約を変更したいの ですが。	我想更改预约。 ウォシャングンガイユーユェ I'd like to change the appointment.
午後4時に予約している<u>ヤマダ</u>ですが、 予約をキャンセルしたいのですが。	我是预约了下午4点的山田。想取消预约。 ウォシーユーユェラシャーウースーディエンダシャンティエン シャンチューシャオユーユェ I'm Yamada that made a four o'clock appointment, but I'd like to cancel it. 時刻⮕P.150

お店に着いたら

予約している <u>ヤマダ</u>です。	我是 预约好的 山田。 ウォシー ユーユェハオダ シャンティエン I'm Yamada. I have an appointment.
予約していませんが、 <u>2</u>人できますか？	我没有预约，两个人可以吗？ ウォメイヨウユーユェ リャンガレングーイーマ 数字⮕P.148 We didn't make an appointment, but can two of us have it?

▌スパのHow toを知っておきましょう

1 予約をしましょう
時間の有効活用のためにも予約は必須。サイト利用で割引も。

2 お店には余裕をもって到着
遅刻で施術が短くなる可能性が。予約の10分前には到着を。

3 カウンセリング
受付後、カウンセリング。当日の体調や施術内容の確認。

4 着替えて施術へ
貸与してくれる施術着に着替えた後、施術へ。

【注意】貴重品や多額の現金持参は控えた方が無難。また、施術前後の飲酒は禁物。

どんなコースがありますか?

有 什么样的 服务项目?
ヨウ シェンマヤンダ フーウーシャンムー
What kind of courses do you have?

料金表を見せてください。

请给我 看一下 价格表。
チンゲイウォ カンイーシャ ジアーグービャオ
Please show me the price list.

どのくらい時間がかかりますか?

需要 多长时间?
シュヤオ ドゥオチャンシージェン
How long will it take?

日本語のメニューはありますか?

有 日语的 服务项目表吗?
ヨウ リーユーダ フーウーシャンムービャオマ
Do you have Japanese menu?

全身マッサージはありますか?

有 全身按摩吗?
ヨウ チュアンシェンアンモーマ
Do you have a full-body massage service?

施術 ☞ P.82

30分でお願いします。

30分钟。
サンシーフェンジョン
Thirty minutes, please.

数字 ☞ P.148

どんな効果がありますか?

有什么样的 效果?
ヨウシェンマヤンダ シャオグォ
What kind of effects does it have?

女性スタッフはいますか?

有 女工作人员吗?
ヨウ ニュゴンズォレンユエンマ
Is there a female therapist?

同じ部屋で受けられますか?

能在 同一间屋子做吗?
ノンザイ トンイージェンウーズズォマ
Can we have it in the same room?

ロッカーはどこですか?

保管箱 在哪里?
バオグァンシャン ザイナーリ
Where is the locker?

施設 ☞ P.83

マッサージの本場でリラックス

施術中に

<u>アレルギー</u>が あります。	我有 过敏。 ウォヨウ グォミン I have an allergy.

症状▶P.83

<u>トイレ</u>を 使ってもいいですか?	能用 卫生间吗? ノンヨン ウェイションジェンマ May I use the restroom?

施設▶P.83

コンタクトレンズは取っ たほうがいいですか?	取下隐形眼镜比较好吗? チューシャーインシンイェンジンビージャオハオマ Should I take off contact lenses?

日本語を話せる人は いますか?	有会日语的 工作人员吗? ヨウフイリーユーダ ゴンズォレンユェンマ Is there anyone who speaks Japanese?

この香りは何ですか?	这是 什么香味? ジェシー シェンマシャンウェイ What is this scent?

カウンセリング表をちょこっと解説

施術の前にはカウンセリングを行います。カ
ウンセリングでは、当日の体調や受けたいコ
ースなどの確認をします。妊娠中やアレルギ
ーがある場合などは、この時に伝えましょう。

アレルギー
具体的に何に反
応するのか、発
症している場合
は炎症部なども
伝えましょう。

肌質
自分の肌質を伝
えましょう。下
の表を参考に!

カウンセリング表

姓名(名前): _____

出生年月日(生年月日):
　　　　　　.　　.

年齢(年齢): _____

过敏(アレルギー):
　　　　有(有) / 没有(無)

身体状況(体調):
　　　良好(良好) / 不适(不調)

皮肤(肌質): _____

皮肤的烦恼(肌の悩み): _____

伝えておきましょう

生理中です	我现在正例假。 ウォシェンザイジョンリージャー
肩こりです	我肩酸。 ウォジェンスゥン
妊娠して います	我现在正怀孕。 ウォシェンザイジョンフアイユン

お役立ち単語集 WORD

敏感肌	敏感性皮肤 ミンガンシンピーフー	オイリー肌	油性皮肤 ヨウシンピーフー
乾燥肌	干性皮肤 ガンシンピーフー	普通肌	普通皮肤 プートンピーフー

基本会話

グルメ

ショッピング

ビューティ

見どころ

エンタメ

ホテル

乗りもの

基本情報

単語集

気持ちよ～くなるために覚えたいフレーズはコチラ

とても気持ちが いいです。	非常舒服。 フェイチャンシューフ It feels very good.
痛いです！	疼！ トン It hurts!
強すぎます。	劲太大了。 ジンタイダーラ It's too strong.
もう少し弱く[強く] してください。	请再轻[强]点。 チンザイチン ［チャン］ ディエン Could you make it weaker [stronger]?
ここは触らないで ください。	别碰这里。 ビエポンジェリ Please don't touch here.
ちょっと気分が 悪くなりました。	有点不舒服。 ヨウディエンブーシューフ I feel a little ill.
お水をください。	请给我 杯水。 チンゲイウォ ベイシュイ I'd like some water.

終わったらひとこと

とても気持ちが良かっ たです。	非常舒服。 フェイチャンシューフ It was very nice.
これらの化粧品は 売っていますか？	这些化妆品 卖吗？ ジェシェファジュアンビン マイマ Are these cosmetics for sale?
カードは使えますか？	能用 信用卡吗？ ノンヨン シンヨンガーマ Can I use the credit card?

足つぼマッサージにチャレンジ

街歩きで疲れたらぜひ足つぼマッサージへ。
疲れもむくみもスッキリとって、ふたたび観光に出かけましょう！

お店でのながれはこんな感じ

①お店に入る

まず受付をしましょう。予約をしていれば名前を伝えます。たいていのお店は飛び込みでOKですが、人気店の場合、込み合う週末は予約を入れておくと安心。

> 予約していませんが、OKですか？
> 我没有预定 可以吗？
> ヴォメイヨウユーディン グーイーマ
> I didn't make an appointment but is it OK?

②コースを選ぶ

足つぼマッサージのほかに、オイルマッサージやペディキュアなどお店によって色々なメニューがあります。時間と相談しながら好きなコースを選びましょう。

> 40分の足つぼマッサージをお願いします。
> 请进行40分钟的足底按摩。
> チンジンシンズーシフェンジョンダズーディーアンモー
> I'd like to have a forty-minute foot massage.
> 数字 ➡ P.148

③マッサージ

まずは足湯で足をあたためてからマッサージに入ります。力加減など希望があれば伝えましょう。終わった後は水分をたっぷりとり、老廃物を流してスッキリしましょう！

> くすぐったいです。
> 有点痒痒。
> ヨウディエンヤンヤン
> It tickles.

> 気持ちいいです。
> 很舒服。
> ヘンシューフ
> It feels good.

> もう少し弱く[強く]してください。
> 请再轻[强]点。
> チンザイチン [チャン] ディエン
> Could you make it weaker [stronger]?

> 痛いです！
> 有点疼！
> ヨウディエントン
> It hurts.

80

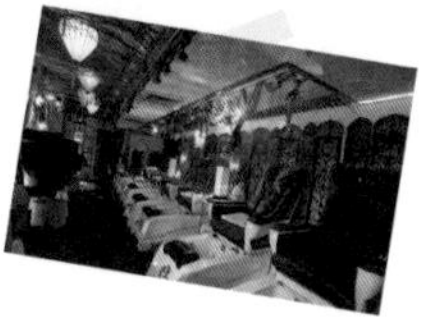

足裏反射区早見表

足裏は身体の縮図です！痛むときは身体が発した黄色信号かも。早見表を使ってマッサージ師さんに悪い部分を教えてもらいましょう。

❶ **頭**
头
トウ

❷ **鼻**
鼻子
ビーズ

❸ **頚部**
颈部
ジンブー

❹ **眼**
眼睛
イエンジン

❺ **耳**
耳朵
アールドゥオ

❻ **肩**
肩膀
ジエンバン

❼ **肺・気管支**
肺・支气管
フェイ・ジーチーグワン

❽ **胃・食道**
胃・食道
ウェイ・シーダオ

❾ **十二指腸**
十二指肠
シーアールジーチャン

❿ **膵臓**
胰脏
イーザン

⓫ **肝臓**
肝脏
ガンザン

⓬ **腎臓**
肾脏
シェンザン

⓭ **小腸**
小肠
シャオチャン

⓮ **生殖器**
生殖器
ションジーチー

⓯ **心臓**
心脏
シンザン

⓰ **脾臓**
脾脏
ピーザン

⓱ **甲状腺**
甲状腺
ジャージュアンシエン

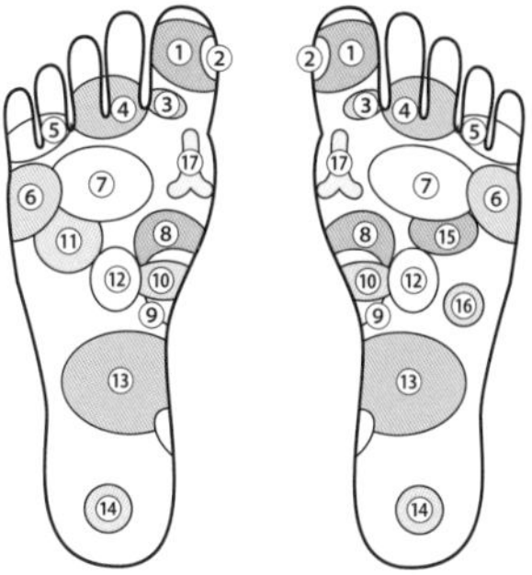

気分が悪くなりました。
身体不舒服了。
シェンティーブーシューフラ
I feel a little sick.

オプションの角質取りもお願いできますか？
额外加一个去角质可以吗？
ウーワイジャーイーガチュージャオジークーイーマ
Can I have an optional horny removal?

施術➡P.82

LOOK

施術
做
ズオ

		がしたいです。
我想		。
ウォシャン		
I want		.

推油按摩
トゥイヨウアンモー
❶【オイルマッサージ】

热石按摩
レーシーアンモー
❶【ウオームストーン】

草药球按摩
ツァオヤオチウアンモー
❶【ハーバルボール】

反射疗法
ファンシェリャオファー
❶【リフレクソロジー】

海水浴疗法
バイシュイユーリャオファ
❶【タラソテラピー】

头部SPA
トウブーエスビーエイ
❶【ヘッドスパ】

脸部按摩
リェンブーアンモー
❶【フェイシャル】

排毒
パイドゥ
❶【デトックス】

植物疗法
ジーウーリャオファ
❶【フィトセラピー】

去死皮
チュスーピー
❶【ピーリング】

美白
メイバイ
❶【ホワイトニング】

全身按摩
チュアンシェンアンモー
❶【全身マッサージ】

足部按摩
ズーブーアンモー
❶【フットマッサージ】

淋巴按摩
リンバーアンモー
❶【リンパマッサージ】

肩部按摩
ジェンブーアンモー
❶【肩マッサージ】

手部按摩
ショウブーアンモー
❶【ハンドマッサージ】

精油按摩
ジンヨウアンモー
❶【アロママッサージ】

洗肠疗法
シーチャンリャオファ
❶【腸セラピー】

骨盆矫正
グーペンジャオジェン
❶【骨盤矯正】

拔罐
バーグァン
❶【カッピング】

拉皮
ラーピー
❶【リフティング】

腹部按摩
フーブーアンモー
❶【腹部マッサージ】

脱汗毛
トゥオハンマオ
❶【うぶ毛ぬき】

小脸按摩
シャオリェンアンモー
❶【小顔マッサージ】

空气按摩
コンチーアンモー
❶【エアマッサージ】

肩部按摩
ジェンブーアンモー
❶【デコルテマッサージ】

中药面膜
ジョンヤオミェンモー
❶【漢方パック】

黄金面膜
ファンジンミェンモー
❶【ゴールドパック】

海藻面膜
バイザオミェンモー
❶【海藻パック】

毛孔护理
マオコンフーリー
❶【毛穴ケア】

刮痧
グァシャー
器具でツボを
刺激し老廃物
を排出する。
❶【グワサー】

珍珠面膜
ジェンジュミェンモー
❶【真珠パック】

泥面膜
ニーミェンモー
❶【泥パック】

蒸汽护理
ジョンチーフーリー
❶【スチームケア】

洁肤
ジェフー
❶【クレンジング】

洗发
シーファー
❶【シャンプー】

足疗
ズーリャオ
❶【足湯】

指压
ジーヤー
❶【指圧】

灸疗
ジウリャオ
❶【お灸】

脚踩按摩
ジャオツァイアンモー
❶【足踏みマッサージ】

基本会話

グルメ

ショッピング

ビューティ

見どころ

エンタメ

ホテル

乗りもの

基本情報

単語集

症状など 症状等等 ジョンジュワンドンドン	皱纹 ジョウウェン ❶【しわ】	瘦身 ショウシェン ❶【瘦身】	放松 ファンソン ❶【リラックス】
	浮肿 フーヂョン ❶【むくみ】	睡眠不足 シュイミェンブーズゥ ❶【睡眠不足】	疲劳 ピーラォ ❶【疲労】
紧张状态 ジンジャンジュワンタイ ❶【ストレス】	粉刺 フェンツー ❶【ニキビ】	暗斑 アンバン ❶【くすみ】	下垂 シャチュイ ❶【たるみ】
过敏 グォミン ❶【アレルギー】	干燥 ガンザォ ❶【乾燥】	头痛 トゥトン ❶【頭痛】	敏感性皮肤 ミンガンシンピーフー ❶【敏感肌】

LOOK

□□□□□ はどこですか? 在哪里? ザイナーリ Where is □□□□□ ?	施设 设施 ショージー	前台 チェンタイ ❶【受付】

更衣室 ゴンイーシー ❶【更衣室】	橱柜 チュグイ ❶【ロッカー】	治疗室 ジーリャオシー ❶【トリートメントルーム】	床 チュアン ❶【ベッド】
			按摩椅 アンモーイー ❶【マッサージ用チェア】
厕所 ツーズォ ❶【トイレ】	盆浴 ペンユー ❶【風呂】	按摩浴池 アンモーユーチー ❶【ジャグジー】	桑拿 サンナー ❶【サウナ】
淋浴 リンユー ❶【シャワー】	休息室 ジウシーシー ❶【休けい室】	睡眠室 シュイミェンシー ❶【仮眠室】	
化妆室 ファジュアンシー ❶【メイクルーム】	等候室 ドンホウシー ❶【待合室】	吸烟室 シーイェンシー ❶【喫煙室】	

ネイルサロンで指先まで整えましょう

女磨きの仕上げはネイルサロンで決まり♪
日本よりもリーズナブルなので、指先まで美しくなっておきましょう。

Gorgeous!

大胆な色を
選～んでもステキ

Cute!

cool!

チャーム付きも
かわいい！

まずは予約をしましょう

ネイルの予約を お願いします。	我想预约指甲美容。 ウォシャンユーユェジージャメイロン I'd like to make a nail appointment.
どんなコースが ありますか？	有什么样的项目？ ヨウシェンマヤンダシャンムー What kind of courses do you have?
ジェルネイルを お願いします。	我想做凝胶指甲。 ウォシャンズオニンジャオジージャ I'd like to have gel nails done.
ジェルネイルのオフから お願いできますか？	可以从卸凝胶指甲开始吗？ クーイーツォンシエニンジャオジージャカイシーマ Can I get my gel nails removed, too?

ネイル開始です！

手と足を お願いします。	我想做手指和脚趾的。 ウォシャンズオショウジーフージャオジーダ I'd like a manicure and pedicure.
デザイン見本を 見せてください。	请让我看看样本。 チンランウォカンカンヤンベン I'd like to see the design samples.
色の種類を 見せてください。	请让我看看颜色的种类。 チンランウォカンカンイェンスーダジョンレイ I'd like to see the color variations.

このデザイン [色] に してください。	我要这个样本[颜色]的。 ウォヤオジェイガヤンベン[イェンスー]ダ This design[color], please.
爪は今より短く しないでください。	请不要把指甲修短。 チンブーヤオバージージャシウドゥアン Don't make the nails shorter.
爪を短く してください。	请把指甲修短些。 チンバージージャシウドゥアンシエ Cut my nails short, please.
爪の形はラウンドにし てください。	请把指甲修成圆形。 チンバージージャジウチョンユアンシン Please round my nails out.
爪が割れやすいので 注意してください。	我指甲容易劈请小心。 ウォジージャロンイービーチンシャオシン Please be careful because my nails are fragile.
この指にラインストー ンを使ってください。	请在这个手指上使用莱茵石。 チンザイジェイガショウジーシャンシーヨンラインシー Please apply rhinestones to this nail.
この指はやり直して ください。	请重新做一下这个手指。 チンチョンシンズオイーシャージェイガショウジー Please do this nail again.
マニキュアが乾くのに 何分かかりますか?	指甲油几分钟能干? ジージャヨウジーフェンジョンノンガン How long does it take for the manicure to dry?

お役立ち単語集 WORD

マニキュア	修手指甲 シウショウジージャ	グラデーション	渐变色 ジェンビエンスー	オーバル	椭圆形 トゥオユェンシン
ペディキュア	修脚指甲 シウジャオジージャ	ライン	线 シェン	ポイント	尖形 ジェンシン
ジェルネイル	凝胶指甲 ニンジャオジージャ	ラメ	亮粉 リャンフェン	甘皮処理	嫩皮处理 ネンピーチューリー
ネイルアート	指甲彩绘 ジージャツァイフイ	ラインストーン	莱茵石 ラインシー	角質除去	去角质 チュージャオジー
フレンチ	法式指甲 ファーシージージャ	ネイルピアス	指甲穿孔 ジージャチュワンコン	マッサージ	按摩 アンモー
		ファイリング (爪の形整)	修型 シウシン	パラフィンパック	石蜡面膜 シーラーミェンモー
		スクエア	方形 ファンシン	フットバス	足浴 ズーユー

85

街歩き&観光もかかせません

歴史的建造物や文化施設、自然など、見どころはいっぱい。
さあ、街歩き&観光に出かけましょう。

道をたずねるフレーズはコチラ

ちょっと おたずねします。	打听一下。 ダーティンイーシャ Excuse me.
<u>景山公園</u>へ行きたい のですが。	我想去 景山公园。 ウォシャンチュー ジンシャンゴンユエン I want to go to Jingshan Park. 観光◎P.94
右に曲がると左手に ありますよ。	往右拐，就在左边。 ワンヨウグァイ ジウザイズォビエン Turn right and it's on your left.
私についてきて ください。	请跟我来。 チンゲンウォライ Follow me, please.
この住所に行きたい のですが。	想去这个地址。 シャンチュージェイガディジー I'd like to go to this address.
この地図で どこですか?	在这地图哪儿呀？ ザイジェディトゥナアルヤ Where is it on this map?
道に迷って しまいました。	我迷路了。 ウォミールーラ I'm lost.
ここはどこですか?	这是哪儿呀？ ジェシーナアルヤ Where am I?
ここは何通り ですか?	这是 什么街？ ジェシー シェンマジェ What street is this?
一番近い<u>駅</u>はどこ ですか?	最近的车站在哪？ ズイジンダチョージャンザイナー Where is the nearest station? 街歩き◎P.97

あのーすみません。
您好。
ニンハオ

ありがとうございました。
謝謝。
シエシエ

基本会話

グルメ

ショッピング

ビューティ

見どころ

エンタメ

ホテル

乗りもの

基本情報

単語集

道をたずねる時に使える単語

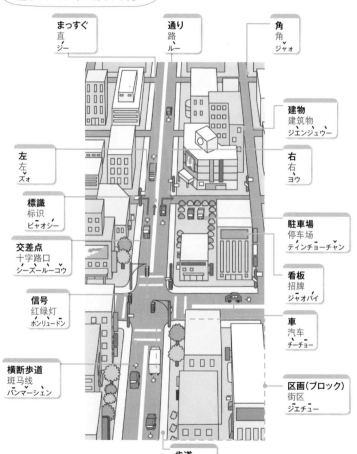

まっすぐ
直
ジー

通り
路
ルー

角
角
ジャオ

建物
建筑物
ジェンジュウー

左
左
ズォ

右
右
ヨウ

標識
标识
ビャオシー

駐車場
停车场
テインチョーチャン

交差点
十字路口
シーズールーコウ

看板
招牌
ジャオパイ

信号
红绿灯
ホンリュードン

車
汽车
チーチョー

横断歩道
斑马线
バンマーシェン

区画(ブロック)
街区
ジェチュー

歩道
人行道
レンシンダォ

87

街歩き&観光もかかせません

観光地で…

入場料はいくら	入场费 多少钱？
ですか？	ルーチャンフェイ ドゥオシャオチェン
	How much is the entrance fee?

1人**100**元です。 → 一人 100元。
イーレン イーバイユエン

数字☞ P.148

大人**2**人	两张大人的。
お願いします。	リャンジャンダーレンダ
	Two adults, please.

数字☞ P.148

何時まで開いて	开到几点？
いますか？	カイダオジーディエン
	How late are you open today?

日本語のパンフレット	有 日语的小册子吗？
はありますか？	ヨウ リーユーダシャオツーズマ
	Do you have a Japanese brochure?

荷物を預かって	能存一下 行李吗？
もらえますか？	ノンツンイーシャ シンリーマ
	Could you store my baggage?

あれは何ですか？	那是什么？
	ナーシーシェンマ
	What's that?

内部は見学	能参观内部吗？
できますか？	ノンツァングアンネイブーマ
	Can I take a look inside?

入ってもいいですか？	可以 进去吗？
	クーイー ジンチュマ
	Can I go in?

出口はどこですか？	出口 在哪里？
	チュコウ ザイナーリ
	Where is the exit?

みやげ店は	特产商店 在哪里？
どこですか？	テェチャンシャンディエンザイナーリ
	Where is the gift shop?

街歩き☞ P.97

基本会話

グルメ

ショッピング

ビューティ

見どころ

エンタメ

ホテル

乗りもの

基本情報

単語集

何か有名な作品はありますか?	有什么 有名的作品吗? ヨウシェンマ ヨウミンダズォピンマ Are there any famous works here?
今何か特別な展示をしていますか?	今天有什么 特别展览吗? ジンティエンヨウシェンマ テビエジャンランマ Do you have any special exhibitions now?
館内ツアーはありますか?	馆内有 解说服务吗? グァンネイヨウ ジェシュオフーウーマ Do you have a guided tour?
ツアーは何時からですか?	几点开始 解说呀? ジーディエンカイシー ジェシュオヤ What time does the tour start?
20分後です。	20分钟后。 アールシーフェンジョンホウ It will start in twenty minutes. 数字⇒P.148
時間はどのくらいですか?	大约 需要多长时间? ダーユエ シュヤオドゥオチャンシージェン How long does it take?
蔡國強の絵はどこですか?	蔡国强的画在哪里? ツァイグオチアンダファザイナーリ Where is Cai Guo-Qiang Exhibit?
これはだれの作品ですか?	这是 谁的作品? ジェシー シェイダズォピン Whose work is this?
一番近いトイレはどこですか?	附近 有厕所吗? フージン ヨウツースォマ Where is the nearest restroom? 街歩き⇒P.97
順路はこちらでいいですか?	这是 参观路线吗? ジェシー ツァングァンルーシェンマ Is this the correct way?
写真を撮ってもいいですか?	可以照相吗? クーイージャオシャンマ Can I take pictures?
もちろんです。/かたく禁じられています。	当然可以。/严厉禁止。 ダンランクーイー/イェンリージンジー Of course. / It's strictly prohibited.

街歩き&観光もかかせません

観光案内所を利用しましょう

観光案内所は どこですか?	观光咨询室在哪里? グァングゥアンズーシュンシーザイナーリ Where is the tourist information?
無料の地図は ありますか?	有 免费的地图吗? ヨウ ミエンフェイダディトゥマ Do you have a free map of this area?
観光パンフレットを ください。	请给我 一本观光的 小册子。 チンゲイウォ イーベングァングァンダ シャオツーズ I'd like a sightseeing brochure, please.
日本語版は ありますか?	有 日文的吗? ヨウ リーウェンダマ Do you have one in Japanese?
この街の見どころを 教えてください。	请告诉我 有什么好玩的地方。 チンガオスーウォ ヨウシェンマハオワンダディファン Please recommend me some interesting places.
日帰りで行けるところ を教えてください。	请告诉我 能当天去当天回的地方。 チンガオスーウォ ノンダンティエンチューダンティエンフイダディファン Please tell me the places for a day trip.
景色がきれいなところ はどこですか?	哪儿风景漂亮呀? ナアルフェンジンピャオリャンヤ Where is the place with a nice view?
そこは今日 開いていますか?	那儿今天开门营业吗? ナアルジンティエンカイメンインイェマ Is it open today?
休業日を 教えてください。	什么时候 休息? シェンマシーホー シゥシ When do they close?
火曜日です。/ 無休です。	星期二/照常营业。 シンチーアール/ジャオチャンインイェ Tuesday. / They are open everyday. 曜日☞P.149
天安門広場で毛主席記 念堂を見たいのですが。	想到天安门广场 看毛主席纪念堂。 シャンダオティエンアンメングゥアンチャン カンマオジュシージーニエンタン I'd like to see Mausoleum of Mao Zedong in Tiananmen Square. 観光☞P.94

歩いてそこまで行けますか?	走着 能去吗? ゾウジェ ノンチューマ Can I go there on foot?
ここから遠いですか?	离这里 远吗? リージェリ ユェンマ Is it far from here?
近いです。／ バスで10分です。	很近／坐公交车10分钟。 ヘンジン／ズオゴンジャオチョージーフェンジョン It is near from here. ／ It is ten minutes by bus.　　数字⊙P.148
ここから歩いて何分かかりますか?	从这步行去得几分钟? ツォンジェブーシンチューデイジーフェンジョン How long will it take to walk from here?
そこへの行き方を教えてもらえますか?	请告诉我 到那里 怎么走? チンガオスーウォ ダオナーリ ゼンマゾウ Could you tell me how to get there?
地下鉄で行けますか?	能坐地铁去吗? ノンズォディテェチューマ Can I go there by subway?
この地図で教えてください。	请在这张地图上 告诉我。 チンザイジェジャンディトゥシャン ガオスーウォ Please tell me on this map.
何か目印はありますか?	有什么标识吗? ヨウシェンマビャオシーマ Are there any signs?
この近くに案内所[交番]はありますか?	这附近有问讯处[派出所]吗? ジェフージンヨウウェンシュンチュ[パイチュスォ]マ Is there an information center[police station] near hear?
(聞き取れなかったとき) もう一度お願いします。	麻烦你再说一遍。 マーファンニーザイシュオイービェン Please repeat it again.
略図を書いていただけますか?	能帮我画个略图吗? ノンバンウォファガリュエトゥマ Could you draw me a map?
この近くに公衆電話はありませんか?	这附近 有公用电话吗? ジェフージン ヨウゴンヨンディエンファマ Is there a pay phone near here?　　街歩き⊙P.97

街歩き&観光もかかせません

現地ツアーで…

ツアーに申し込みたいのですが。	我想参加 旅游团。 ウォシャンツァンジャ リュヨウトゥン I'd like to take a sightseeing tour.
ツアーのパンフレットはありますか?	有 旅游团的小册子吗? ヨウ リュヨウトゥンダシャオツースマ Do you have a tour brochure?
おすすめのツアーを教えてください。	请告诉我 您推荐的 旅游团。 チンガオスーウォ ニントゥイジェンダ リュヨウトゥン Please recommend me some popular tours.
日本語のツアーはありますか?	有 日语的旅游团吗? ヨウ リーユーダリュヨウトゥンマ Do you have a tour with a Japanese guide?
万里の長城に行くツアーはありますか?	有没有去长城的旅游团? ヨウメイヨウチューチャンチェンダリューヨウトゥン Do you have a tour that goes to the Great Wall? 観光●P.94
ツアーは何時間かかりますか?	大约 需要多长时间? ダーユエ シュヤオドゥオチャンシージエン How long is the tour?
出発は何時ですか?	几点 出发? ジーディエン チューファー What time does it start?
何時に戻りますか?	几点 回来? ジーディエン フイライ What time do we come back?
どこから出発しますか?	从哪里 出发? ツォンナーリ チューファー Where do we leave from?
食事は付いていますか?	包括 餐费吗? バオクォ ツァンフェイマ Are meals included?
料金はいくらですか?	多少钱? ドゥオシャオチエン How much is it?

基本会話

グルメ

ショッピング

ビューティ

見どころ

エンタメ

ホテル

乗りもの

基本情報

単語集

これに申し込みます。	我参加。 ウォツァンジャ I'll join this.	
何人で申し込みますか？	有几个人 参加？ ヨウジーガレン ツァンジャ For how many people?	
大人2人です。	两个大人。 リャンガダーレン Two adults.	数字☞P.148
1000元になります。	1000元。 イーチエンユアン It's 1000 yuan.	数字☞P.148
万里の長城に行きたいのですが何時間かかりますか？	我想去万里长城，需要多长时间？ ウォシャンチューワンリーチャンチョン ジュヤオドゥオチャンシージエン How long will it take to get to the Great Wall?	観光☞P.94
何時にここに戻ってくればいいですか？	几点回到这里？ ジーディエンフイダオジェリ By what time should I be back here?	
あとどのくらいで着きますか？	还有多长时间 能到？ ハイヨウドゥオチャンシージエン ノンダオ How long does it take to get there?	
ガイド［ドライバー］は日本語ができますか？	向导［司机］能说日语吗？ シャンダオ［スージー］ノンシュオリーユーマ Does the guide[driver] speak Japanese?	
ホテルまでの送迎はありますか？	到酒店，有没有接送？ ダオジウディエン ヨウメイヨウジェソン Do you have a courtesy bus to the hotel?	
待ち合わせ場所と時間を教えてください。	告诉我 碰头的地点和时间。 ガオスーウォ ペントウダディディエンホーシージエン Please tell me where and when should we meet.	
時間の延長はできますか？	能延长时间吗？ ノンイエンチャンシージエンマ Can I extend?	
とても美しいですね！	太美了。 タイメイラ So beautiful!	

LOOK

[　　　　] へ行きたいのですが。

我想去 [　　　] 。

ウォシャンチュー [　　　　]

I'd like to go to [　　　].

観光
观光旅游
グアングアンリューヨウ

北京です

天安门 ティエンアンメン Ⓙ【天安門】	万里 长城 ワンリー チャンチョン Ⓙ【万里の長城】	故宫博物院 グーゴンボーウーユエン Ⓙ【故宮博物院】	景山公园 ジンシャンゴンユエン Ⓙ【景山公園】
北海公园 ベイバイゴンユエン Ⓙ【北海公園】	筒子河 トンズーホー Ⓙ【筒子河】	天坛公园 ティエンタンゴンユエン Ⓙ【天壇公園】	钟楼 ジョンロウ Ⓙ【鐘楼】
恭王府 ゴンワンフー Ⓙ【恭王府】	鲁迅博物馆 ルーシュンボーウーグァン Ⓙ【魯迅博物館】	明十三陵 ミンシーサンリン Ⓙ【明十三陵】	颐和园 イーホーユエン Ⓙ【頤和園】
居庸关 长城 ジュヨン グァン チャンチョン Ⓙ【居庸関長城】	北京古观象台 ベイジングーグァンシャンダイ Ⓙ【北京古観象台】	王府井 大街 ワンフージン ダージェ Ⓙ【王府井大街】	东岳庙 ドンユエミャオ Ⓙ【東岳廟】
雍和宫 ヨンホーゴン Ⓙ【雍和宮】	孔庙国 子监 コンミャオグォ ズージエン Ⓙ【孔廟国子監】	大观园 ダーグアンユエン Ⓙ【大観園】	琉璃厂 リウリーチャン Ⓙ【琉璃廠】

圆明园
ユェンミンユェン

❶【円明園】

北京自然博物館
ベイジンズーランボーウーグァン

❶【北京自然博物館】

北京
动物园
ベイジン
ドンウーユェン

❶【北京動物園】

周口店
猿人遺址
ジョウゴウ
ティエン
ユェンレィイージー

❶【周口店猿人遺址】

上海です

外滩
ワイタン

❶【外灘 (バンド)】

田子坊
ティエンズーファン

❶【田子坊】

近江大道
ジンジャンダーダオ

❶【近江大道】

观光隧道
グァングァンスイダオ

❶【観光隧道】

黄浦公园
ファンブーゴンユェン

❶【黄浦公園】

人民
英雄
纪念塔
レンミン
インション
ジーニエンター

❶【人民英雄記念塔】

上海海洋水族馆
シャンハイハイヤンシュイズゥグァン

❶【上海海洋水族館】

东方明珠塔
ドンフアン
ミンジューダー

❶【東方明珠塔】

上海中心大厦
シャンハイ
チョンシン
ダーシャー

❶【上海中心大厦】

金茂大厦
ジンマオダーシャ

❶【金茂大厦】

南京东路
ナンジンドンルー

❶【南京東路】

豫园商城
ユーユェンシャンチェン

❶【豫園商城】

三穗堂
サンスイタン

❶【三穂堂】

仰山堂
ヤンシャンダン

❶【仰山堂】

龙壁
ロンビー

❶【龍壁】

打唱台
ダーチャンタイ

❶【打唱台】

玉玲珑
ユーリンロン

❶【玉玲瓏】

内园
ネイユェン

❶【内園】

上海の豫園
の園内を掲
載しています

基本会話
グルメ
ショッピング
ビューティ
見どころ
エンタメ
ホテル
乗りもの
基本情報
単語集

LOOK

[_____] を探しています。

我在找 [_____] 。
ウォザイジャオ [_____]
I'm looking for [_____] .

香港・
マカオです

天星小轮
ティエンシンシャオルン

♪【スターフェリー】

太平山
タイピンシャン

♪【ビクトリア・ピーク】

弥敦道
ミードゥンダオ

♪【ネイザン・ロード】

黄大仙祠
ファンダーシエンツー

♪【黄大仙祠】

女人街
ニュレンジェ

♪【女人街】

大三巴
ダーザンバー

♪【聖ポール天主堂跡】

议事亭前地
イージーテインチェンディ

♪【セナド広場】

台湾です

国立故宮博物院
グォリーグーゴンボーウーユエン

♪【国立故宮博物院】

中正纪念堂
ジョンジェンジーニエンタン

♪【中正紀念堂】

总统府
ゾンドンブー

♪【総統府】

孔子庙
ゴンズーミャオ

♪【孔子廟】

忠烈祠
ジョンリエヅー

♪【忠烈祠】

二二八和平公园
アールアールバーブーピンゴンユエン

♪【二二八和平公園】

龙山寺
ロンシャンスー

♪【龍山寺】

行天宫
シンティエンゴン

♪【行天宮】

迪化街
ディーファジェ

♪【迪化街】

西门红楼
ジーメンホンロウ

♪【西門紅楼】

士林夜市
ジーリン
イェジー

♪【士林夜市】

剥皮寮
ボーピーリャオ

♪【剥皮寮】

台北101
ダイベイ
イーリンイー

♪【台北101】

96

双连早市 シュワンレンザオシー **J**【雙連朝市】	诚品 书店 チェンピン ジュディエン **J**【誠品書店】	九份 ジウフェン **J**【九份】	淡水 ダンシュイ **J**【淡水】
北投温泉 ベイトウウエンチュアン **J**【北投温泉】	その他 中国の 観光地です 	秦始皇 兵马俑 博物馆 チンシーフアン ビンマーヨンポー ウーグァン **J**【秦始皇帝兵馬俑博物館】	龙门石窟 ロンメンシーグー **J**【龍門石窟】
漓江 リージャン **J**【漓江】	赤壁古战场 チービーグージャンチャン **J**【赤壁古戦場】	街歩き 逛街 グァンジェ	酒店 ジウディエン **J**【ホテル】 —————— 车站 チョージャン **J**【駅】
银行 インハン **J**【銀行】	厕所 ツースオ **J**【トイレ】	便利店 ビエンリーディエン **J**【コンビニ】	派出所 パイチューズオ **J**【交番】
兑换处 ドゥイフゥンチュ **J**【両替所】	广场 グァンチャン **J**【広場】	特产商店 トゥーチャンシャンディエン **J**【土産物屋】	酒品专卖店 ジウビンジュアンマイディエン **J**【酒屋】
公园 ゴンユエン **J**【公園】	步行街 ブーシンジェ **J**【遊歩道】	世界遗产 シージエイーチャン **J**【世界遺産】	超市 チャオシー **J**【スーパー】
了望台 リャオワンダイ **J**【展望室】	桥 チャオ **J**【橋】	百货商店 バイフォシャンディエン **J**【デパート】	熟食店 ショウシーディエン **J**【惣菜店】
杂货店 ザーフオディエン **J**【雑貨店】	古道具店 グーダオジュディエン **J**【古道具店】	唱片店 チャンピエンディエン **J**【レコードショップ】	咖啡厅 ガーフェイティン **J**【カフェ】
药店 ヤオディエン **J**【ドラッグストア】	书店 シューディエン **J**【本屋】	饭店／餐馆 ファンディエン／ツァングァン **J**【レストラン】	画廊 ファラン **J**【ギャラリー】

中国の壮大な世界遺産を訪れましょう

中国の世界遺産はとにかく大きい。なかには交通の便のあまりよくない場所もありますが、桁外れの人と自然の営みの産物に触れることができます。

おすすめはコチラ

❶莫高窟

中国3大石窟のひとつで、492もの石窟の中で約40か所が開放されています。9層の楼閣からなる96窟は莫高窟のシンボル的存在です。

❷万里の長城

全長6350kmに及ぶ人類史上最大の城壁です。北京付近に点在する長城は、いずれもロープウェイの利用をおすすめします。

- ❶ 敦煌
- ❷ 北京
- ❹ ❿ ⓫
- 大連
- 黄河
- 青島
- ❼ 西安
- 南京
- 上海
- ❾ ラサ
- ❺
- ・成都
- ❽
- 武漢
- 長江
- 重慶
- ❻
- 桂林
- ・昆明
- 香港

中国地図

❸黄龍

全長4.2kmに及ぶ遊歩道沿いに3400もの小さな池が点在する水景群です。高山病対策として、携帯用酸素ボンベなどを入手しましょう。

四川省の標高1996m～3102mの高所に点在する無数の湖沼。約80kmにわたって神秘的な風景が広がっています。

❺九寨溝

故宮は約500年間に、合わせて24人の皇帝が使用していたという中国最大の王宮です。見るポイントをしぼって効率よく見学しましょう。

❹明・清朝の皇宮群

❻麗江古城

明・清朝時代の面
影を残すレトロな
街並み。古びた木
造家屋が立ち並
び、石畳の道は網
の目のように不規
則に延びています。

❾ラサのポタラ宮

ダライ・ラマの住居とし
て建立された宮殿式建
築群です。5000kg以上
の黄金と1万5千個以
上の宝石で飾られた、5
世が祭られている霊塔
は必見です。

❼秦始皇陵

中国初の皇帝である秦の始
皇帝が眠る世界最大の地下
陵墓。陵墓から1.5km離
れたところにある秦
始皇帝兵馬俑博物
館もぜひ訪れて!

❿天壇公園

北京南東部にある中
国最大で最古の祭
祀建築物。皇帝が五
穀豊穣を祈った祈念
殿は、釘や梁が使わ
れていない木造建築
物です。

❽峨眉山と楽山大仏

峨眉山は成都から南
西約160kmにある仏
教四大名山のひと
つ。楽山大仏は高さ
71mの世界最大級
の石刻の弥勒菩薩
像です。

⓫明・清代の皇帝陵墓群

天寿山麓を中心に点在す
る陵墓です。明の歴代皇
帝13人が眠る明十三陵、
瀋陽の福陵や昭陵などが
あります。

チケットを買って公演を観に行きましょう

旅の楽しみのひとつは、本場のエンターテインメントに触れることです。
さあ、チケットを予約して、劇場へ向かいましょう。

チケットを買ってみましょう

京劇 [雑技] が観たいのですが。	我想看京剧[杂技]。 ウォシャンカンジンジュ［ザージー］ I'd like to see a Beijing opera [Chinese acrobat]. 公演⇒P.101
今人気の京劇は何ですか?	现在 京剧中 哪场戏 最受欢迎? シェンザイ ジンジュジョン ナーチャンシー ズイショウファンイン What's the most popular Beijing opera now?
「覇王別姫」が一番人気です。	「霸王别姬」最受欢迎。 バーワンビエジー ズイショウファンイン "BaWangBieJi" is the most popular. 公演⇒P.101
今日のプログラムは何ですか?	今天 演什么? ジンティエン イェンシェンマ What's today's program?
誰が出演しますか?	是谁演的? シーシェイイェンダ Who is on the stage today?
今夜の席はまだありますか?	今晚 还有座吗? ジンワン ハイヨウズォマ Are there any seats for tonight?
15日のチケットを予約したいのですが。	想预约 15号的票。 シャンユーユェ シーウーハオダピャオ I'd like to reserve tickets on the 15th. 数字⇒P.148
何名様ですか?	一共几位? イーゴンジーウェイ For how many people?
2名です。	两个人。 リャンガレン Two. 数字⇒P.148
当日券はありますか?	有当天的票吗? ヨウダンティエンダピャオマ Do you have a walk-up ticket? 公演⇒P.101

100

京劇&雑技が見たい！

京劇って？

清の乾隆帝の誕生日祝いに演じられて以来今に続く京劇は、中国の国劇ともいわれる伝統芸能です。演者の歌声や胡弓や月琴などの民族楽器が織りなす華麗なハーモニーや派手な大立ち回りも見どころです。

最後の見得を切ると客席からかけ声がかかる

華やかな衣装や顔の隈取りも見もの

雑技って？

中国の伝統芸で、その名のとおりアクロバットやダンス、演技など「いろいろな技」が披露されるショーです。高度なアクロバットがバレエと融合した演目やマルチメディアを駆使した演出など工夫を重ねた舞台は必見！

車技
车技
チョージー

大勢で自転車に乗って
走りまわるバランス芸。

柔術
柔术
ロウシュー

手足にグラスをのせたまま
体を回転させる。

平衡飛舞
平衡飞舞
ピンホンフェイウー

片手で体を支えるバランス芸。

お役立ち単語集 WORD

日本語	中国語	読み
コンサート	音乐会	インユェフイ
スポーツ	体育	ティユー
京劇	京剧	ジンジュ
雑技	杂技	ザージー
スタジアム	运动场	ユンドンチャン
劇場	剧场	ジュチャン
客席	座位	ズォウェイ
舞台	舞台	ウーダイ
チケット売り場	售票处	ショウピャオチュ
前売り券	预售票	ユーショウピャオ
当日券	当天的票	ダンティエンダピャオ
指定席	指定座位	ジーディンズォウェイ
自由席	自由座位	ズーヨウズォウェイ
パンフレット	小册子	シャオツーズ
売り切れ	卖完了	マイワンラ
キャンセル	取消	チュシャオ

華流好きのあなたのためのコミュニケーション

中国や台湾が好きなのは、「華流スター」が住んでいる国だから♥
そんな華流好き女子たちのための、「推し旅」満喫フレーズ集です。

街でスターに会ったら？

あなたの 大ファンなんです♥	我是 您的大粉丝♥ ウォシー　ニンダダーフェンスー I'm a big fan.
日本から来ました。	我从日本来。 ウォツォンリーベンライ I came from Japan.
カッコイイ［カワイイ ／素敵］ですね！	真帅［真可爱／真好］啊！ ジェンシュアイ［ジェンクーアイ／ジェンハオ］ア You're cool[cute ／ nice]!
いつも 応援しています。	永远支持您。 ヨンユェンジーチーニン You have my full support.
会えてうれしいです。	见到您 好高兴。 ジェンダオニン　ハオガオシン I'm happy to meet you.
ドラマ［映画］の『流 星花園』を見ました。	我看过电视剧［电影］的"流星花园"。 ウォカングオディエンシージュー［ディエンイン］ダリウシンファユアン I saw the drama[movie] "Meteor Garden".
ジェリー・イェンが 大好きです。	我很喜欢言承旭。 ウォヘンシーホウンイエンチョンシュー I like Jerry Yan very much.　　スター名❿P.108
コンサート、 最高でした。	音乐会，太棒了。 インユェフイ　タイバンラ The concert was great.

**スターに
会えたときは
コレ**

握手してください。／サインしてください。
请跟我握手。／给我签名。
チンゲンウォウォショウ／ゲイウォチェンミン
Please shake hands with me.／Please give me your autograph.

基本会話

グルメ

ショッピング

ビューティ

見どころ

エンタメ

ホテル

乗りもの

基本情報

単語集

プレゼントをあげる時は、"これを受け取ってください。"
请收下这个。
チンショウシャージェイガ
と言って渡しましょう

私の名前も書いてください。私は<u>ハナ</u>です。

请把我的名字也写上。我叫哈娜。
チンバーウォダミンズイエシエシャン　ウォジャオハナ
Please write my name. I'm Hana.

あなたの写真を
撮ってもいいですか?

能给你 照相吗?
ノンゲイニ　ジャオシャンマ
Could I take a picture of you?

一緒に写真を
撮ってください。

能一起 照相吗?
ノンイーチー　ジャオシャンマ
Could I take a picture with you?

微博とは、
中国最大級のSNSで
中国版Facebook
といわれて
います。

(ウェブサイトの)微博
を読んでます。

看过您的 微博。
カングオニンダ　ウェイボー
I like your Microblogging.

日本でのファンミーティン
グを楽しみにしています。

期待您在 日本的粉丝见面会。
チーダイニンザイ　リーベンダフェンスージェンミエンフイ
I'm looking forward to the fan meeting in Japan.

撮影頑張って
ください。

加油拍摄呀。
ジャヨウパイショーヤ
Good luck on your shooting.

身体に気を
つけてください。

请多 注意身体。
チンドゥオ　ジューイーシェンティ
Please take care of yourself.

ありがとう
ございました。

谢谢。
シェシェ
Thank you very much.

さようなら
(見送る場合)

请您走好。
チンニンゾウハオ
Good-bye.

さようなら
(立ち去る場合)

请多保重。
チンドゥオバオジョン
Good-bye.

103

華流好きのあなたのためのコミュニケーション

ファンミやライブで

グッズ売り場は どこですか？	商品柜台 在哪里？ シャンピングイタイ　ザイナーリ Where is the gift shop?
プレゼントの受付場 所はどこですか？	在哪里 领礼物？ ザイナーリ　リンリーウー Where is the counter for the presents?
どこに並べば いいですか？	在哪排队？ ザイナーパイドゥイ Where should I line up?
開場[開演／終演]は 何時ですか？	几点入场[开演／演完]？ ジーディエンルーチャン［カイイエン／イエンワン］ What time will it open[start／end]?
場内で 飲食できますか？	场内 可以吃东西吗？ チャンネイ　クーイーチードンシーマ Can I eat or drink inside?
会員証を忘れました。 会場に入れますか？	我忘带会员证了。可以入场吗？ ウォワンダイフイユアンジョンラ　クーイールーチャンマ I forgot my ID pass. Can I go in?
今日は握手会は ありますか？	今天有握手会吗？ ジンティエンヨウウォショウフイマ Do you have a handshake event today?

お役立ち単語集 WORD

		うちわ	団扇 トゥアンシャン	受付	接待处 ジェダイチュー
		応援タオル	应援毛巾 インユエンマオジン	関係者	相关人员 シャングアンレンユアン
ファン	粉丝 フェンスー	チケット	票 ピャオ	休憩	休息 シウシ
日本人	日本人 リーベンレン	ファンクラブ	粉丝俱乐部 フェンスージューラーブー	拍手	鼓掌 グージャン
プレゼント	礼物 リーウー	会員証	会员证 フイユアンジョン	投げキッス	飞吻 フェイウェン
応援ボード	手牌 ショウパイ	入場口	入口 ルーコウ	ウィンク	使眼色 シーイエンスー

ステキ〜！
好帅！
ハオシュアイ

基本会話

グルメ

ショッピング

ビューティ

見どころ

エンタメ

ホテル

乗りもの

基本情報

単語集

この席はどこですか？	这位子 在哪里？ ジェウェイズ ザイナーリ Where is this seat?
この席は 空いてますか？	这位子 有人吗？ ジェウェイズ ヨウレンマ Is this seat taken?
すみません、 空いていません。	对不起，有人。 ドゥイプチー ヨウレン Yes, it is.
はい、空いてます。	没人。 メイレン No, it isn't.

観覧会場で

（台湾のTV番組）娯楽百分百の観覧に来ました。	我来看娱乐百分百。 ウォライカンユーラーバイフェンバイ I'm here for 100 % Entertainment.
どこで待てば いいですか？	在哪里等 好呢？ ザイナーリドン ハオナ Where should I wait?

かけ声
フレーズ

サイコー！
好棒！
ハオバン

ステキ！
好帅！
ハオシュアイ

こっち見て！
看这边！
カンジェビエン

王子様！
王子！
ワンズー

握手して！
请握手！
チンウォショウ

愛してる！
我爱你！
ウォアイニー

ハグして！
拥抱一下！
ヨンバオイーシャ

ファイト！
加油！
ジャヨウ

アンコール！
再来一个！
ザイライイーガ

泣かないで！
别哭！
ビエクー

踊って！
跳吧！
ティアオバ

105

華流好きのあなたのためのコミュニケーション

私は<u>鈴木花子</u>です。あなたのお名前は?	我叫铃木花子。你叫什么名字? ウォジャオリンムーファズー　ニージャオシェンマミンズ I'm Suzuki Hanako. What is your name?
誰のファンですか?	你是 谁的粉丝? ニーシー　シェイダフェンスー Whose fan are you?
どのメンバーが好きですか?	喜欢 成员中的谁? シーホヮン　チェンユェンジョンダシェイ Which member do you like?
好きな曲は?	喜欢 哪首曲子? シーホヮン　ナーショウチューズ What is your favorite song?
私はデビュー曲の『Can't Lose You』が好きです	我喜欢出道曲"绝不能失去你"。 ウォシーホヮンチューダオチュージュエブーノンシーチューニー I like the debut song "Can't Lose You".
他に好きなグループは?	还喜欢 哪个组合? ハイシーホヮン　ナーガズゥホー Are there any other groups that you like?
今中国ではやっているドラマは何ですか?	现在在中国 演什么电视剧? シェンザイザイジョングォ　イェンシェンマディエンシージュ What is the hit drama in China now?
メールアドレスを交換してくれますか?	可以 告诉我信箱吗? クーイー　ガオスーウォシンシャンマ Can we exchange e-mail addresses?
日本に来たら連絡してください。	到日本 请和我联系。 ダオリーベン　チンホーウォリェンシー Please call me when you come to Japan.
今人気のあるのは誰ですか?	现在 谁有人气? シェンザイ　シェイヨウレンチー Who is popular now?
誰が来るんですか?	谁来呀? シェイライヤ Who is coming?

基本会話

グルメ

ショッピング

ビューティ

見どころ

エンタメ

ホテル

乗りもの

基本情報

単語集

| 舞台あいさつは
ありますか？	有舞台寒暄吗？ ヨウウータイハンシュアンマ Will they make a speech on stage?	

大好きなスターの迷惑に
なるようなことはNG！
節度を守って応援しましょう

| ロイ・チウさんはどこから
入る[出る]のでしょうか？	邱泽从哪里进去[出来]呢？ チウズー ツォンナーリ ジンチュ[チューライ] ナ Which door will Roy Chiu use to go in[get out]?	スター名➡P.108
おすすめの店は
ありますか？	有推荐的 商店吗？ ヨウトゥイジェンダ シャンディエンマ Do you have any shops that you recommend?	
誰に会ったことが
ありますか？	与谁见过面吗？ ユーシェイジエングオミエンマ Who have you met?	

スターいきつけのお店で

| ロイ・チウさんにプレゼン
トを渡したいのですが…	我想送给邱泽礼物。 ウォシャンソンゲイチウズーリーウー I'd like to give a present to Ryo Chiu.	スター名➡P.108
何時頃来ますか？	几点来？ ジーディエンライ What time does he come?	
ロイ・チウさんは
最近いつ来ましたか？	邱泽最近 什么时候来过？ チウズーズイジン シェンマシーホウライグオ When did Ryo Chiu come here recently?	スター名➡P.108
ロイ・チウさんが着て
いるのはどれですか？	邱泽穿的是哪个？ チウズーチュアンダシーネイガ Which one does Ryo Chiu wear?	スター名➡P.108
ロイ・チウさんのおまけはありますか？	有邱泽的赠品吗？ ヨウチウズーダゾンビンマ Do you have a free gift of Ryo Chiu?	スター名➡P.108
F4のカタログは
ありますか？	有F4的商品目录吗？ ヨウエフスーダシャンピンムールーマ Do you have a catalog of F4?	スター名➡P.108
F4の袋に
いれてください。	请放到F4的袋子里。 チンファンダオエフスーダダイズリ Please put it in the bag of F4.	スター名➡P.108

あのスターは中国語でどう書くの？

スター名	漢字	ピンイン	英語	活動国（地域）
トニー・レオン	梁朝偉	Liáng Cháowěi	Tony Leung	香港
アンディ・ラウ	劉徳華	Liú Déhuá	Andy Lau	香港
ジェイ・チョウ	周杰倫	Zhōu Jiélún	Jay Chou	台湾
チャン・ツィイー	章子怡	Zhāng Zǐyí	Zhang Ziyi	中国
リン・チーリン	林志玲	lín zhì líng	Lin Chi-ling	台湾
イー・ヤンチェンシー	易烊千玺	Yì Yángqiānxǐ	Jackson Yee	中国
ルハン	鹿晗	Lù Hán	Lu han	中国
チャオ・リーイン	赵丽颖	Zhào Lìyǐng	Zhao Liying	中国
ディリラバ	迪丽热巴	Dílìrèbā	Dilraba Dilmurat	中国
メイデイ	五月天	Wǔ Yuè Tiān	Mayday	台湾
グレッグ・ハン	許光漢	Xǔ Guāng Hàn	Greg Han	台湾
シュー・カイ	許凱	Xǔ Kǎi	Xu Kai	中国
シャオ・ジャン	肖战	Xiāo Zhàn	Sean Xiao	中国
ソン・ウェイロン	宋威龙	Sòng Wēi Lóng	Song Weilong	中国

※漢字の欄は活動国（地域）の中国語表記にしています。

ファンレターを書いてみましょう

孙力宏先生
ソン・リーホンさん

你好。初次见面。
こんにちは。はじめまして。

我是日本的花子。
私は日本に住むハナコです。

> 自己紹介を書いて、さりげなくアピール。

听日本出道时的 第一首歌 'It's me' 就喜欢上你了。
日本デビュー曲「It's me」を聞いて、ファンになりました。

喜欢你 响彻心扉的音乐,
あなたの心に響く音楽はもちろん、

也喜欢你 开朗的性格。
明るくて優しいところが大好きです。

> 多少大げさになるくらいがちょうどいいかも。はっきりと気持ちを伝えましょう。

听说这次 要拍电视剧,非常期待 看到这部剧。
今度、ドラマに出演すると聞き、とても楽しみにしています。

> 次回の予定を書いて、会場でばったり会ったときの話のネタに♪

我一定 去看12月 在日本举行的演唱会。
12月に行われる日本でのライブにも絶対に行きます。

希望今后 也活跃在日本和中国的 舞台上。
今後も日本と中国でたくさん活動してくださいね。

我会一直一直 支持你,挺你。
ずっとずっと応援しています。

花子
ハナコより

> P.152の文法や、巻末の単語集も参考にしてチャレンジしてみて。

ホテルで快適に過ごしたいですね

充実した旅を楽しむために、ホテルでの時間も大切にしたいですね。
ホテル滞在中に、よく使われるフレーズを集めました。

ホテルへの到着が遅れそう！

到着が遅くなりますが、予約はキープしてください。	稍微迟到一点，请保留我的预约。 シャオウェイチーダオイーディエン　チンバオリウウォダユーユエ I'll be arriving late, but please hold the reservation.

チェックインします

チェックインをお願いします。	请给我 办入住手续。 チンゲイウォ　バンルージュショウジュ Check in, please.
インターネットで予約してあります。	在网上预约了。 ザイワンシャンユーユエラ I made a reservation on the Internet.
眺めのいい部屋をお願いします。	请给我 景色好的房间。 チンゲイウォ　ジンスーハオダファンジェン I'd like a room that has a nice view.
朝食は含まれていますか？	含早餐吗？ ハンザオツァンマ Does that include breakfast?
ツイン（ベッドが2つ）ですよね？	是双床间吧？ シーシュワンチュアンジェンバ It's a twin room, right?
禁煙［喫煙］の部屋にしてください。	给我禁烟的［可吸烟的］房间。 ゲイウォジンイェンダ［クーシーイェンダ］ファンジェン I'd like a non-smoking[smoking] room.
貴重品を預かってください。	我想 寄存 贵重物品。 ウォシャン　ジーツン　グイジョンウーピン Please store my valuables.
日本語を話せる人はいますか？	有 会说日语的 工作人员吗？ ヨウ　フイシュオリーユーダ　ゴンズオレンユェンマ Is there anyone who speaks Japanese?

基本会話

グルメ

ショッピング

ビューティ

見どころ

エンタメ

ホテル

乗りもの

基本情報

単語集

朝食は何時から
ですか？

早饭是几点？
ザオファンシージーディエン
What time can I have breakfast?

チェックアウトは
何時ですか？

退房 是几点？
トゥイファン　シージーディエン
When is the check-out time?

ホテルは
こんなふうに
なっています

ルームサービス
客房服务
クーファンフーウー
客室から電話で注文を
受け、料理や飲み物を提
供するサービス。

ロビー
大厅
ダーティン
玄関やフロントの近くに
あり、待ち合わせや休憩
など、客が自由に利用で
きるスペース。

コンシェルジュ
接待员
ジェダイユエン
宿泊客の応対係。街の
情報に精通し、客の要望
や相談に応じる。

ポーター
搬运工
バンユンゴン
ホテルに到着した車か
ら、宿泊客の荷物をフロ
ントまで運ぶ。

フロント
前台
チェンタイ
チェックイン・チェックア
ウトや精算、両替、メッセ
ージ等の受け渡し、貴重
品保管などを行う。

ベルボーイ
行李员
シンリーユエン
宿泊客の荷物の運搬や
客室への案内を行う。ホ
テルによってはポーター
の業務も兼ねる。

クローク
寄存员
ジーツンユエン
宿泊客の荷物を預かる。
チェックイン前やチェッ
クアウト後でも利用でき
る。

お部屋にご案内します。
我带您 去房间。
ウォダイニン　チューファンジェン

お荷物をお運びします。
我帮您 拿行李。
ウォバンニン　ナーシンリー

エレベーターはこちらです。
电梯在这边。
ディエンティザイジェビエン

こんにちは。
你好。
ニーハオ

ホテルで快適に過ごしたいですね

部屋での会話

シャワーの使い方を教えてくれませんか？	能告诉我 淋浴的使用方法吗？ ノンガオスーウォ リンユーダシーヨンファンファマ Could you tell me how to use the shower?
サトウさま、入ってもよろしいですか？	佐藤先生，我可以 进来吗？ ズオトンシェンション ウォクーイージンライマ Mr. Sato, may I come in?
入ってください。／ちょっと待ってください。	请进来。／请稍等。 チンジンライ チンシャオドン Please come in. ／ One moment, please.
415号室ですが。	这里是 415号房间。 ジェリシー スーヤオウーファンジエン This is room 415.　数字 P.148
明日の朝6時にモーニングコールをお願いします。	请明天6点钟 叫我。 チンミンティエンリウディエンジョン ジャオウォ Please wake me up at six tomorrow morning.　時刻 P.150
かしこまりました。	知道了，先生。 ジーダオラ シェンション All right.
新しいバスタオルを持ってきてください。	请给我 拿一块 新的浴巾来。 チンゲイウォ ナーイークウイ シンダユージンライ Please bring me a new bath towel.　アメニティー P.114
できるだけ早くお願いします。	越快越好。 ユエクワイユエハオ As soon as possible, please.
この目覚まし時計[セイフティ・ボックス]の使い方を教えてください。	请告诉我闹钟的[保险箱]使用方法。 チンガオスーウォナオジョンダ [バオシェンシャンダ] シーヨンファンファ Could you tell me how this alarm clock[safety box] works?
コンセントが見つからないのですが。	我找不到 电源插座。 ウォジャオブーダオ ディエンユエンチャズォ I can't find the outlet.
ドライヤーを貸してくれませんか？	能借一下吹风机吗？ ノンジェイーシャチュイフェンジーマ Could I borrow a dryer?　アメニティー P.114

112

ホテルマナーを知っておきましょう

1 部屋の外は公共の場
パジャマなどで部屋の外へは出ないこと。エレベーターホールでは他人同士でもあいさつを交わすのが礼儀。

2 部屋の中でもマナーを
大きな音をたてたり他の宿泊客に迷惑がかかる行為は厳禁。また洗濯物はバスルームなどに干しましょう。

3 チップについて
中華圏ではチップの習慣がありません。特別に感謝の気持ちを表したい場合には、5〜10元程度渡しましょう。

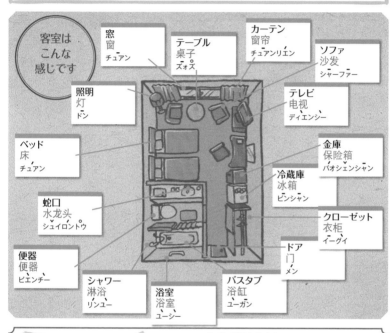

客室はこんな感じです

窓
窓
チュアン

テーブル
桌子
ズォズ

カーテン
窗帘
チュアンリエン

ソファ
沙发
シャーファー

照明
灯
ドン

テレビ
电视
ディエンシー

ベッド
床
チュアン

金庫
保险箱
バオシェンシャン

冷蔵庫
冰箱
ビンシャン

蛇口
水龙头
シュイロントウ

クローゼット
衣柜
イーグイ

便器
便器
ビエンチー

ドア
门
メン

シャワー
淋浴
リンユー

浴室
浴室
ユーシー

バスタブ
浴缸
ユーガン

すぐに使えるトラブルフレーズ

シャワーが壊れています。
淋浴坏了。
リンユーファイラ

トイレが流れません。
厕所堵了。
ツースォドゥラ

部屋を変えてください。
请给我 换房间。
チンゲイウォ フゥンファンジエン

電気がつきません。
灯不亮了。
ドンブーリャンラ

お湯が出ません。
不出热水。
ブーチューレーシュイ

隣の部屋がうるさいです。
旁边的房间 太吵。
バンビエンダファンジエン タイチャオ

締め出されてしまいました。
我进不去了。
ウォジンブーチュラ

113

ホテルで快適に過ごしたいですね

ホテルの施設・サービス

もしもし。
喂。
ウェイ

ルームサービスを お願いします。	我想 利用客房送餐服务。 ウォシャン リーヨンクーファンソンツァンフーウー Room service, please.
ご注文は？	您想 要点什么？ ニーシャン ヤオディエンシェンマ What would you like to have?
<u>コーヒー</u>を<u>2杯</u> お願いします。	请给我 两杯咖啡。 チンゲイウォ リャンベイガーフェイ I'd like two cups of coffee, please.

数字 ➡ P.148
アメニティー ➡ P.114

<u>氷</u>と<u>水</u>を持ってきて ください。	请给我 拿冰块和水。 チンゲイウォ ナービンクァイブーシュイ Please bring me some ice cubes and water.

アメニティー ➡ P.114

<u>毛布</u>を持ってきて ください。	请给我拿毛毯。 チンゲイウォナーマオタン Please bring me a blanket.

アメニティー ➡ P.114

部屋の掃除を お願いします。	请打扫房间。 チンダーサオファンジェン Please make up the room.
医者を呼んで ください。	请叫医生。 チンジャオイーション Please call a doctor.
駐車場を 使いたいのですが。	想用一下停车场。 シャンヨンイーシャティンチョーチャン I'd like to use the parking lot.

お役立ち単語集 WORD					
		シーツ	床单 チュアンダン	バスタオル	浴巾 ユージン
		シャンプー	洗发液 シーファイェ	グラス	杯子 ベイズ
水	水 シュイ	リンス	护发素 フーファスー	ドライヤー	吹风机 チュイフェンジー
お湯	热水 レーシュイ	石けん	香皂 シャンザオ	ポット	暖瓶 ヌアンピン
枕	枕头 ジェントウ	タオル	毛巾 マオジン	灰皿	烟灰缸 イェンフイガン

基本会話

グルメ

ショッピング

ビューティ

見どころ

エンタメ

ホテル

乗りもの

基本情報

単語集

両替をしたいの ですが。	我想 兑换钱。 ウォシャン ドゥイファンチェン I'd like to exchange money.
ダイニングルームは どこですか?	餐厅 在哪里? ツァンティン ザイナーリ Where is the dining room?
何時まで[から] やっていますか?	几点结束[开始]? ジーディエンジェシュー カイシー What time does it close[open]?
10時まで[から] です。	10点结束[开始]。 シーディエンジェシュー カイシー It closes[opens] at ten o'clock. 時刻◎P.150
予約は必要ですか?	需要 预约吗? ジュヤオ ユーユエマ Do I need a reservation?
朝食がとれるカフェ テリアはありますか?	有 提供早餐服务的 咖啡厅吗? ヨウ ティゴンザオツァンフーウーダ カーフェイティンマ Is there a cafeteria for breakfast?
部屋で朝食は 取れますか?	可以在房间里 用早餐吗? クーイーザイファンジェンリ ヨンザオツァンマ Can we eat breakfast in the room?
朝8時に持ってきて ください。	早晨8点 给我拿来。 ザオチェンバーディエン ゲイウォナーライ Please bring it at eight in the morning. 時刻◎P.150
この荷物をしばらく預 かってもらえますか?	能把行李 暂时 存放在这里吗? ノンバーシンリ ザンシー ツンファンザイジェリマ Could you store this baggage for a while?
わかりました。ここに お名前を書いてください。	好的,请在这里 签字。 ハオダ チンザイジェリ チェンズー Certainly. Please sign here.
この手紙を航空便で お願いします。	请把这封信 按航空信寄出去。 チンバージェフェンシン アンハンコンシンジーチュチュ I'd like to send this letter by airmail.
10元いただきます。	收您10元。 ショウニンシーユエン It will be 10 yuan. 数字◎P.148

ホテルで快適に過ごしたいですね

日本にファックスを送りたいのですが。	我想 往日本 发传真。 ウォシャン ワンリーベン ファチュアンジェン I'd like to send a fax to Japan.
近くにおいしいレストランはありますか？	这附近 有没有 好吃的饭店？ ジェフージン ヨウメイヨウ ハオチーダファンディエン Do you know any good restaurants near here?
タクシーを呼んでください。	请帮我 叫一辆 出租车。 チンバンウォ ジャオイーリャン チュズーチョー Please get me a taxi.
このホテルの住所がわかるカードが欲しいのですが。	请给我 有 酒店地址的名片。 チンゲイウォ ヨウ ジウディエンディジーダミンピエン I'd like a card with the hotel's address.
私あてにメッセージが届いていませんか？	有没有 给我的留言？ ヨウメイヨウ ゲイウォダリウイェン Are there any messages for me?
インターネットは利用できますか？	这里 能上网吗？ ジェリ ノンシャンワンマ Could I use the Internet?
滞在を1日延ばしたいのですが。	我想多停留1天。 ウォシャンドゥオティンリウイーティエン I'd like to extend my stay for another night.

数字 ➡ P.148

⌒ トラブル発生 ⌒

部屋のカギをなくしました。	我把房间钥匙 弄丢了。 ウォバーファンジェンヤオシ ノンディウラ I lost the room key.
緊急事態です。／すぐだれかをよこしてください。	紧急情况。／赶快 叫人来。 ジンジーチンクァン／ガンクァイ ジャオレンライ It's an emergency. ／ Please send someone up now.
部屋を空けている間にパスポートがなくなりました。	我不在的时候，护照没了。 ウォブーザイダシーホウ フージャオメイラ My passport was stolen from my room while I was out.

基本会話

グルメ

ショッピング

ビューティ

見どころ

エンタメ

ホテル

乗りもの

基本情報

単語集

チェックアウトします

チェックアウトは
時間に余裕を
持ちましょう。

チェックアウトを お願いします。	请给我 退房。 チンゲイウォ トゥイファン I'd like to check out, please.
415号室の サトウです。	我是 415房间的 佐藤。 ウォシー スーヤオウーファンジェンダ ズォトン It's Sato in room 415. 数字◉P.148
精算書が 間違っています。	您可能 算错帐了。 ニンクーノン スァンツォジャンラ I think there is a mistake in this bill.
ルームサービス［ミニバ ー］は使っていません。	我没叫 客房送餐服务[小吧台]。 ウォメイジャオ クーファンソンツァンフーウー［シャオバーダイ］ I didn't order the room service[use the mini bar].
長距離電話は かけていません。	我没打 长途电话。 ウォメイダー チャントゥディエンフゥ I didn't make any long distance calls.
預かってもらった貴重 品をお願いします。	请给我 寄存的 贵重品。 チンゲイウォ ジーツンダ グイジョンピン I'd like my valuables back, please.
部屋に忘れ物を しました。	我把东西 忘在房间里了。 ウォバードンシ ワンザイファンジェンリーラ I left something in my room.
クレジットカードで 支払いたいのですが。	我想 用信用卡 结账。 ウォシャン ヨンシンヨンカー ジェジャン I'd like to pay by a credit card.
このクレジットカード は使えますか?	能用 这个信用卡吗? ノンヨン ジェイガシンヨンカーマ Do you accept this credit card?
現金で支払います。	我用现金 结账。 ウォヨンシェンジン ジェジャン I'd like to pay by cash.
ありがとう。とても 楽しく過ごせました。	谢谢。我过得 非常愉快。 シェシェ ウォグォダ フェイチャンユークァイ Thank you. I really enjoyed my stay.

現地の空港に到着したら、まずは入国審査へ進みます。
パスポートなど、必要なものを準備しましょう。

入国審査では？
外国人用の審査ブースへ並び、必要書類を提示します。顔写真の撮影や指紋のスキャンをしたり、旅行目的や滞在日数などを質問されることも。台湾の入国カードは事前にオンライン登録もできます。

入国審査で提出するものはこちらです。
●パスポート
●査証（ビザ）
　※必要な場合
●入国カード
●帰りの航空券(Eチケット控え)※求められたら提出しましょう

パスポートを見せてください。

请给看一下 您的护照。
チンゲイカンイーシャ　ニンダフージャオ
Please show me your passport.

旅行の目的は何ですか？

这次旅行的 目的 是什么？
ジェツーリュシンダ　ムーディー　シーシェンマ
What is the purpose of your visit?

観光です。／仕事です。

是旅游。／是商务。
シーリュヨウ　シーシャンウー
Sightseeing. ／ Business.

何日間滞在しますか？

待 多长时间？
ダイ　ドゥオチャンシージェン
How long are you going to stay?

3日ほどです。

大约 3 天。
ダーユエサンティエン
About three days.　　　数字 ◉ P.148

どこに滞在しますか？

住在哪里？
ジュザイナーリ
Where are you staying?

入国カードは機内で配られますので、早目に記入しておきましょう。

北京飯店です。／友達の家です。

北京饭店。／朋友家里。
ベイジンファンディエン　ポンヨウジャリ
Plaza Hotel. ／ My friend's house.

基本会話

グルメ

ショッピング

ビューティ

見どころ

エンタメ

ホテル

乗りもの

基本情報

単語集

入国手続きの流れ

1 到着
空港に到着。案内に従い入国審査へ進む。

2 入国審査
外国人カウンターの列に並び、入国審査を受ける。

3 荷物の受け取り
航空会社、便名を確認し、機内に預けた荷物を受け取る。

4 税関
荷物を持って税関へ。申告するものがなければ緑のゲート、申告が必要な場合は赤いゲートへ進み、手続きをする。

5 到着ロビー
税関を抜けてゲートをくぐると到着ロビーに。

預けた荷物の受け取り

手荷物受け取り所で、乗った飛行機の便名が表示されたターンテーブルから、自分の荷物を引き取ります。

手荷物受け取り所はどこですか？
在哪里 取行李？
ザイナリ　チュシンリ
Where's the baggage claim area?

荷物が見つからないときは？

預けた荷物が出てこなかったら、航空券とクレームタグをもって、航空会社のスタッフや「Lost & Found」カウンターに相談しましょう。すぐに見つからない場合は、荷物の特徴や連絡先を伝えて手続きをします。荷物の受け取り方法や、補償についても確認しておくと安心です。

私のスーツケースがまだ出てきません。
我的行李箱 还没出来。
ウォダシンリーシャン　ハイメイチュライ
My suitcase hasn't arrived yet.

見つかりしだい、ホテルに届けてください。
找到后，马上送到酒店。
ジャオダオホウ　マーシャンソンダオジウディエン
Please deliver it to my hotel as soon as you've located it.

スーツケースが破損しています。
行李箱坏了。
シンリーシャンファイラ
My suitcase is damaged.

税関で荷物について聞かれることも

友人へのプレゼントです。／私の身の回り品です。
是 给朋友的 礼物。／我的 随身用品。
スー　ゲイポンヨウダ　リーウー／ウォダ　スイシェンヨンピン
A present for my friend. ／ My personal belongings.

お役立ち単語集 WORD					
		荷物受け取り	行李领取处 シンリーリンチュチュ	手荷物引換証	行李证 シンリージョン
		税関	海关 バイグァン	検疫	检疫 ジェンイー
到着／出発	到达／出发 ダオダー／チューファー	乗り換え	转机 ジュアンジー	免税／課税	免税／税收 ミエンシュイ シュイショウ
入国審査	入境审查 ルージンシェンチャ	入国カード	入境卡 ルージンカー	税関申告書	海关申报单 バイグァンシェンバオダン

機内でより快適に過ごすために

機内 机内、ジーネイ

ここでは飛行機内での会話例を挙げてみます。
旅先の会話に備えて、機内から外国人の乗務員さんに話しかけてみましょう。

機内で

困ったことがあれば乗務員さんにたずねましょう。座席を倒すときは、後ろの席の人に声をかけるとスマート。食事や離着陸のときは元の位置に戻します。シートベルト着用サインの点灯中は、危ないので席を立たないように。

ここは私の席です。

这是我的座位。
ジェシーウォダ ズォウェイ
This is my seat.

北京へ乗り継ぎの予定です。

我要转机到北京。
ウォヤオジュアンジーダオベイジン
I'll connect with another flight to Beijing.

気分が悪いのですが。

有点不舒服。
ヨウディエン ブーシューフ
I feel sick.

モニターが壊れています。

显示器坏了。
シェンシーチーファイラ
The monitor is not working.

荷物をここに置いてもいいですか?

能把行李放在这里吗?
ノンバーシンリ ファンザイジェリマ
Can I put my baggage here?

上空では気圧の関係でアルコールがまわりやすいのでお酒はひかえめに!

座席を倒してもいいですか?

可以放倒靠背吗?
クーイー ファンダオカオベイマ
Can I recline my seat?

トイレはどこですか?

卫生间在哪里?
ウェイションジェン ザイナーリ
Where is the restroom?

基本会話

グルメ

ショッピング

ビューティ

見どころ

エンタメ

ホテル

乗りもの

基本情報

単語集

機内アナウンスがわかる！

シートベルトを着用してください。
请系好 安全带。
チンジーハオ　アンチュエンダイ
Please fasten your seat belts.

座席に戻ってください。
请回到座位。
チンフイダオズォウェイ
Please get back to your seat.

座席を元の位置に戻してください。
请把座位 放回原来位置。
チンバーズォウェイ　ファンフイユエンライウェイジー
Please put your seat back to its original position.

テーブルを元の位置に戻してください。
桌子 放回原来位置。
ズォズ　ファンフイユエンライウェイジー
Please put your table back to its original position.

すみません。
对不起
ドゥイ　ブチー

枕とブランケットをください。
给我枕头和毛毯。
ゲイウォジェントウホーマオタン
Please bring me a pillow and a blanket.

何か頼みたいときは？
座席にある呼び出しボタンで乗務員さんを呼びましょう。シートベルト着用サインが点灯していないときなら、運動がてら席を立って自分から頼みに行くのもよいです。

寒い[暑い]です。
冷[热]。
レン　[レー]
I'm cold[hot].

オレンジジュース[ビール]をください。
请给我 橙汁[啤酒]。
チンゲイウォ　チョンジー　[ピージウ]
Orange juice[Beer], please.

エコノミークラス症候群予防のため、機内では水分補給＆たまに足を動かすことを心がけましょう。

食事になっても起こさないでください。
到吃饭时间 也别叫我。
ダオチーファンシージェン　イェビェジャオウォ
Don't wake me up for the meal service.

これを下げてもらえますか？
能撤一下吗？
ノンチェイーシャマ
Could you take this away?

お役立ち単語集
WORD

使用中	使用中 シーヨンジョン	窓側席	靠窗座位 カオチュアンズォウェイ	時差	时差 シーチャ
空き	空的 コンタ	通路側	靠过道的座位 カオグォダオダズォウェイ	吐き気	想吐 シャントゥ
		座席番号	座号 ズォハオ	非常口	安全出口 アンチュアンチュコウ
		現地時間	当地时间 ダンディシージェン	酔い止め	晕车药 ユンチョーヤオ

いよいよ帰国です　空港 _{飞机场} フェイジーチャン

出発の2～3時間前からチェックインができるので、余裕をもって空港に向かいましょう。
現地の人と会話できるのもこれで最後。思う存分話しましょう。

リコンファーム

最近はリコンファーム（予約の再確認）不要の航空会社がほとんどですが、事前に要不要を確認しておくと安心。必要な場合は、出発の72時間前までに航空会社に連絡するのが一般的です。

中国国際航空のカウンターはどこですか?

中国国际航空公司的柜台 在哪里？
ジョングゥオグゥオジーハンコンゴンスーダグイタイ　ザイナーリ
Where is the Air China counter?

飛行機の予約を再確認したいのですが。

我想 确认一下 机票。
ウォシャン　チュェレンイーシャ　ジーピャオ
I'd like to reconfirm my flight.

名前はタナカヤスコです。

名字是 田中康子。
ミンズシー　ティエンジュンカンズー
My name is Yasuko Tanaka.

私のフライトナンバーは8月15日のCA905便、羽田行きです。

8 月15号 CA905航班，是 飞往羽田机场的。
バーユエシーウーハオ　シーエイジウリンウーハンバン　シーフェイワンユーティエンジーチャンダ
My flight number is CA 905 for Haneda on August 15th.　数字➡P.148

チェックイン

パスポートや航空券(eチケット控え)を用意して、搭乗する航空会社のカウンターや自動チェックイン機で搭乗手続きをします。オンラインチェックインも便利です。

 急いでいるときには…

チェックインをお願いします。

请给我 办手续。
チンゲイウォ　バンショウシュ
Check in, please.

申し訳ございません。出発まで時間がありません。

对不起。马上就要出发了。
ドゥイブチー　マーシャンジウヤオチュファラ
I'm sorry. My flight is leaving shortly.

窓側 [通路側] の席にしてください。

请给我 靠窗[靠走廊]座位。
チンゲイウォ　カオチュアン [カオゾウラン] ズオウェイ
Window[Aisle] seat, please.

基本会話

グルメ

ショッピング

ビューティ

見どころ

エンタメ

ホテル

乗りもの

基本情報

単語集

出国手続きの流れ

1 チェックイン
航空会社のカウンターや自動チェックイン機で搭乗手続きをして荷物を預ける。

2 税関申告
多額の現金や古美術品の持ち出しなど、申告が必要な場合は税関で手続きをします。台湾の買い物の税金還付を申請する場合も税関や還付機での免税手続きを忘れずに。

3 セキュリティチェック
手荷物検査とボディチェックを受ける。液体類や刃物などの持ち込みは制限されている。

4 出国審査
審査ブースに並び、パスポートや搭乗券などの必要書類を提出して出国審査を受ける。終わったら出発ロビーへ進む。

他の便に振り替えできますか?

可以转乘 别的航班吗?
クーイージュアンチョン ビエダハンバンマ
Can I change the flight?

10番の搭乗ゲートはどこですか?

10号登机口 在哪里?
シーハオドンジーゴウ ザイナーリ
Where is the gate 10?

数字➡P.148

この便は定刻に出発しますか?

这航班 按点起飞吗?
ジェハンバン アンディエンチーフェイマ
Will this flight leave on schedule?

どれくらい遅れますか?

大约 晚多长时间?
ダーユエ ワンドゥオチャンシージェン
How long will it be delayed?

荷物に割れ物が入っている場合は係員に伝えましょう。

割れ物が入っています。

里面有 易碎物品。
リーミエンヨウ イースイウーピン
I have a fragile item.

荷物を預ける

液体類や刃物などの持ち込みは制限されているので、預ける荷物に入れましょう。コスメなども対象です。モバイルバッテリーやライターなど、預けられないものもあるのでパッキングの前に確認を。

無事
飛行機に
乗れました~!

これは機内に持ち込む手荷物です。

这是 随身携带的 行李。
ジェシー スイシェンシェダイダ シンリ
This is carry-on luggage.

荷物を出してもいいですか?

可以把行李拿出来一下吗?
クーイーバーシンリナーチュライイーシャマ
Can I take out the luggage?

電車 _{列車}　バス _{公交车}　タクシー _{出租车}

列车 リエチョー　公交车 ゴンジャオチョー　出租车 チューズーチョー

到着後はとまどってしまいますが、分からなければ勇気を出して
人に聞いてみましょう。 スムーズに移動できれば旅の疲れも軽減できます。

北京

北京首都国際空港、北京大興
国際空港どちらも、空港と市内
を結ぶ地下鉄(機場線)があり、
途中駅で乗り換えれば市内各
所へアクセスできます。荷物が
多ければエアポートバスやタクシ
ーも便利。大興国際空港から
北京西駅へは京雄都市間鉄道
も利用できます。

上海

上海浦東国際空港、上海虹橋
空港ともに、市内へのおもな移
動手段は、地下鉄、エアポート
バス、タクシー。浦東空港には
リニアモーターカー(上海磁浮
列車)も通っていて、終点の龍
陽路駅で地下鉄やタクシーに
乗り換えれば、市内中心部にア
クセスできます。

台北

台湾桃園国際空港からは、桃
園空港MRT(桃園捷運)が手
軽です。台北駅まで40～50
分。台北MRTの各路線に乗り
換えれば、市内各所へアクセス
できます。台北松山空港は市
内にあるため、短時間で移動
できて便利。ターミナルの前に
MRT文湖線の駅があり、台北
駅まで15分ほど。荷物が多い
場合は、エアポートバスやタク
シーも便利です。

電車 [リニアモーターカー] 乗り場はどこですか?

在哪里乘坐列车 [磁悬浮列车]?
ザイナーリチョンズォリエチョー [ツーシュアンブーリエチョー]
Where is the train[linear motor car] terminal?

チケットはどこで買えますか?

在哪里 买票?
ザイナーリ　マイピャオ
Where can I buy the ticket?

市内へ行くバスはありますか?

有去市内的 公交车吗?
ヨウチューシーネイダ　ゴンジャオチョーマ
Is there a bus to the city?

市内へ行くバスはどれですか?

哪辆是去市中心的车?
ナーリャンシー　チュー　シージョンシンダチョー
Which bus goes to the city?

5番のバスに乗ってください。

请乘坐 5 路公交车。
チンチョンズォ　ウールーゴンジャオチョー
Take the Bus No.5.

数字 ➡ P.148

北京飯店へ行くバスにはどこで乗れますか?

哪里 有 去北京饭店的 公交车?
ナーリ　ヨウ　チューベイジンファンディエンダ　ゴンジャオチョー
Where can I take a bus that goes to Beijing Hotel?

何分おきに出ていますか?

隔几分钟 发车?
グージーフェンジョン　ファチョー
How often does it run?

北京飯店専用のシャトルバス乗り場はどこですか？

去北京饭店的专车 在哪里坐？
チューベイジンファンディエンダジュアンチョー　ザイナーリズオ
Where can I get the shuttle bus service for Beijing Hotel?

ホテル専用のシャトルバスがある場合は、ホテル予約時に発着時間を確認しておくと便利です。

何時に出発ですか？

几点出发？
ジーディエンチュファ
What time does it leave?

（運転手に）北京飯店で降りたいです。

我想在 北京饭店 下车。
ウォシャンザイ　ベイジンファンディエン　シャーチョー
I'd like to get off at Beijing Hotel.

（車内アナウンス）この停留所は王府井、次の停留所は北京駅です。

这站是王府井，下一站是北京站。
ジェジャンシーワンフージン　シャーイージャンシーベイジンジャン
This bus stop is Wang fujing, the next stop is Beijing Station.

タクシーを利用

荷物が多いときはタクシーが便利。ターミナルの前などに正規タクシーの乗り場があります。不要なトラブルを避けるため、声をかけてくるタクシーには乗らないこと。乗車したらメーターがきちんと動いているか確認を。降りるときは領収書をもらっておきましょう。

（住所を見せて）ここへ行ってください。

我要去这里。
ウォヤオチュージェリ
Take me here, please.

市内までどのくらいですか？

到市内大约多长时间？
ダオシーネイダーユェドゥオチャンシージエン
How long does it take to get to the city?

北京飯店へ行きたいのですが。

我想去北京饭店。
ウォシャンチューベイジンファンディエン
I'd like to go to the Beijing Hotel.

無事到着
しました〜！

（運転手に）スーツケースを降ろしてください。

请把行李箱 放下来。
チンバーシンリーシャン　ファンシャライ
Please unload my suitcase from the trunk.

 基本会話

グルメ

ショッピング

ビューティ

見どころ

エンタメ

ホテル

乗りもの

基本情報

単語集

125

乗りものに乗って移動を

タクシー
出租车
チューズーチョー

便利で安いタクシーですが、中国語しか話せないドライバーさんも多いです。行き先など基本フレーズを覚えておくだけで心強いですよ。

タクシーを探しましょう

街なかにあるタクシー乗り場やホテル前などから乗るのが安心です。利用した店で配車を頼んでもOK。客引きをしてくるタクシーは避けましょう。配車アプリも便利です。

日本に比べて料金が安めなので、気軽に利用できます。

乗ったあとは?

行先を告げますが、中国語しか通じないことが多いので、行き先を紙に書いて渡すと良いです。発車したら、メーターが動いているかをチェック。

目的地だけでなく、その場所が面する通りや交差点の名前も一緒に伝えるのがベターです。

メーターを使わないで法外な料金を請求してくる悪質ドライバーに注意。メーターが動いていなければ、すぐにドライバーに伝えましょう。

タクシーを呼んでください。

请帮我 叫一辆 出租车。
チンバンウォ　ジャオイーリャン　チューズーチョー
Please get me a taxi.

故宮まで (タクシー代は) いくらですか?

到故宫多少钱?
ダオグーゴンドゥオシャオチエン
How much will it be to go to Gugong?

(時間は) どのくらいかかりますか?

大概 需要几分钟?
ダーガイ　シュヤオジーフェンジョン
How long will it take?

この住所へ行ってください。

请去这个地址。
チンチュージェイガディジー
Please take me to this address.

荷物をトランクに入れてください。

请把行李 放到后车厢。
チンバーシンリ　ファンダオホウチョーシャン
Please put my luggage in the trunk.

急いでください!

快点!
クァイディエン
Please hurry!

メーターが動いていません。

计价器没有动。
ジージャーチーメイヨウドン
The meter isn't working.

基本会話

グルメ

ショッピング

ビューティ

見どころ

エンタメ

ホテル

乗りもの

基本情報

単語集

怪しいタクシーに注意

ドライバーが客引きしてくる場合は、トラブルに巻き込まれる可能性が大きいので一切相手にしないようにしましょう。ホテル前なら怪しい客引きタクシーも少なめです。また車内ではネームプレートが掲げてあるか、メーターが動いているかを確認し、車のナンバーもメモしておくとよいでしょう。

降りたいときは？

目的地に着く直前にドライバーに伝えましょう。

ここで停めてください。

就停 这里吧。
ジュウティン ジェリパ
Please stop here.

支払い

現金の場合は、小額紙幣を用意しておきましょう。都市によりますが、最近は電子決済ができるタクシーも増えています。

ここでちょっと待っていてください。

在这里 稍等一会儿。
ザイジェリ シャオドンイーフェアル
Please wait here for a while.

いくらですか？

多少钱？
ドゥオシャオチェン
How much is it?

領収書をください。

请给我 发票。
チンゲイウォ ファピャオ
Receipt, please.

下車

ドアは自分で開けて降ります。降りたら閉めるのも忘れずに。

料金がメーターと違います。

钱数 和计价器显示的 不一样。
チェンシュー ホージージャチーシェンシーダ ブーイーヤン
The fair is different from the meter.

無事タクシーに乗れました〜!

上海のタクシー事情

注意点

乗り方は基本的に日本と同じで、道を走っているタクシーを拾うこともできますが、捕まえにくかったり、違法タクシーにあたることも。タクシー乗り場や配車アプリの利用が無難です。料金の交渉をしてくる運転手には注意しましょう。また、中国では高額紙幣の偽札トラブルが多いので気をつけて。

料金

料金はメーター制。目安は、初乗りが3kmまで14元〜。以降1kmごとに2.7元。23時〜翌5時の間は30%割増。春節は10元、メーデーや国慶節は5元加算されます。領収書をもらっておくと、荷物を忘れたときや、何かトラブルがあったときに役立ちます。

127

乗りものに乗って移動　地下鉄 地铁 ディーテイエ　バス 公交车 ゴンジャオチョー

格安で移動できる地下鉄やバスは、旅行者の強い味方ですね。
交通機関を利用するときに役に立つフレーズを集めました。

地下鉄について
北京
渋滞が多い北京では、市内を網羅し空港にもアクセスできる地下鉄は、観光客にも便利な交通手段。朝夕の通勤ラッシュ時はかなり混雑するので注意。切符は券売機などで買えます。

上海
地下鉄だけで市内のほぼ全域にアクセスできるほど路線が多く、観光客にはやや複雑なので、路線カラーや番号、行き先をよく確認しましょう。切符は券売機で買えます。

台北
市内を網羅するMRTは、空港や主要スポットへのアクセスにも便利。路線と駅は記号やカラー、番号でも表示されていてわかりやすいです。切符はコイン型(トークン)で、券売機で購入します。交通系ICカード「悠遊卡」も便利。

乗車＆下車
自分が乗る路線のホームへ行く。反対側の電車に乗らないよう注意。なお、下車の際には、次に乗車してくる人が降りる人を待たずに乗ってくるので、降りる駅が近づいたらドアのそばに移動しておきましょう。

乗る時は行き先を確認しましょう

切符はどこで買えますか？

在哪里 买票？
ザイナーリ　マイピャオ
Where can I buy the ticket?

公共交通カードがほしいのですが。

我想要公交一卡通。
ウォシャンヤオゴンジャオイーカートン
I want a public transportation card.

路線図はありますか？

有路线图吗？
ヨウルーシェントゥマ
Can I have a subway map?

改札を通れません。

我无法通过检票口。
ウォウーファートングオジエンピャオゴウ
I can't pass the ticket gate.

ここに行くにはどの線に乗れば良いですか？

去这里，坐哪路车好呢？
チュージェリ　ズオナールーチョーハオナ
Which line should I take to get here?

どこで乗り換えですか？

请问，在哪里换车？
チンウェン　ザイナーリファンチョー
Where should I change line?

上海駅で降りたいのですが。

想在上海站 下车。
シャンザイシャンハイジャン　シャチョー
I'd like to get off at Shanghai station.

128

基本会話

グルメ

ショッピング

ビューティ

見どころ

エンタメ

ホテル

乗りもの

基本情報

単語集

バスについて

北京や上海、台北などの主要都市では、市内を縦横に走る路線バスも便利な交通手段です。ただし、路線が多く複雑で、車内アナウンスが中国語だけだったりと、慣れないうちはハードルが高め。わからないことは運転手に聞いてみましょう。バス路線を検索できるアプリも活用してみて。

車内にはスリがいることも多いので、貴重品にはくれぐれも注意!!スマホも狙われやすいです

バスの路線図はどこで買えますか?

在哪里能买到 公交车路线图?
ザイナーリノンマイダオ ゴンジャオチョールーシェントゥ
Where can I buy the bus route map?

天安門行きのバスはどこから出ますか?

去天安门的公交车 从哪里发?
チューティエンアンメンダゴンジャオチョー ツォンナーリーファ
Where does the bus for Tiananmen Square leave? 観光◎P.99

このバスは天安門に行きますか?

这个车到天安门吗?
ジェイガチョーダオティエンアンメンマ
Does this bus go to Tiananmen Square? 観光◎P.99

天安門に着いたら教えてください。

到了天安门 请叫我一声。
ダオラティエンアンメン チンジャオウォイーション
Please tell me when we arrive at Tiananmen Square. 観光◎P.99

ここで降ります。

在这里下车。
ザイジェリシャチョー
I'll get off here.

交通系ICカードも便利

主要都市ではチャージ式の交通系ICカードも普及しています。地下鉄やバスなどの交通機関だけでなく、提携店などでも使えて便利。上海では「公共交通卡」、台北では「悠遊卡」、北京では「一卡通」といいます。クレジットカードなどのタッチ決済が使える交通機関も増えています。

帰りの停留所はどこですか?

回去的车站 在哪里?
フイチューダチョージャン ザイナーリ
Where is the bus stop to go back?

お役立ち単語集 WORD		時刻表	时刻表 ジークービャオ	乗り換え	换车 フゥンチョー
		入口/出口	入口/出口 ルーゴウ/チューゴウ	始発電車	首班车 ショウバンチョー
駅	火车站/地铁站 フォチョージャン/ディティエジャン	料金	票价 ピャオジャ	最終電車	末班车 モーバンチョー
停留所	车站 チョージャン	きっぷ	车票 チョーピャオ	発券機	自动售票机 ズードンショウピャオジー

129

通貨と両替

貨幣与兑换
フォビーユドウイファン

旅先で大事なお金のこと。市場などではカードが使えないお店が多いので現金は持っておきましょう。
入国したら、まずは空港を出てホテルの客室に落ち着くまでに必要なお金の準備をしましょう。

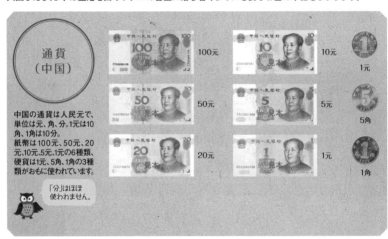

通貨
（中国）

中国の通貨は人民元で、単位は元、角、分。1元は10角、1角は10分。
紙幣は100元、50元、20元、10元、5元、1元の6種類、硬貨は1元、5角、1角の3種類がおもに使われています。

「分」はほぼ使われません。

100元 / 10元 / 1元
50元 / 5元 / 5角
20元 / 1元 / 1角

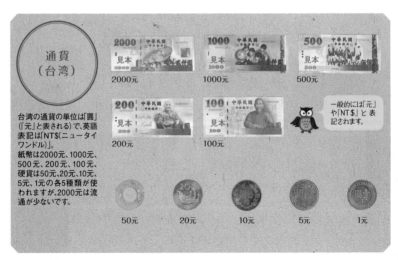

通貨
（台湾）

台湾の通貨の単位は「圓」（「元」と表される）で、英語表記は「NT$（ニュータイワンドル）」。
紙幣は2000元、1000元、500元、200元、100元、硬貨は50元、20元、10元、5元、1元の各5種類が使われますが、2000元は流通が少ないです。

一般的には「元」や「NT$」と表記されます。

2000元 / 1000元 / 500元
200元 / 100元

50元 / 20元 / 10元 / 5元 / 1元

現地で両替するときは

銀行や両替所、ホテルのフロントなどで両替できますが、パスポートの提示が必要です。両替後は窓口を離れず、その場で金額や紙幣の状態をよく確認しましょう。少額紙幣を多めに混ぜてもらうと使いやすいです。

中国では偽札が多く出回っているので、信頼できる銀行や「冠字号碼」の表示があるATMで両替すると安心。受け取った紙幣はよく確認すること。両替時の換金証明書も保管しておきましょう。

日本円を1000元分両替したいのですが。

数字◎P.148

想用日元 兑换1000元人民币。
シャンヨンリーユェン　ドゥイファンイーチエンユェンレンミンビー
I'd like to buy 1000 yuan with yen.

100元を5枚と50元を10枚ください。

数字◎P.148

给我100元的5张 50元的10张。
ゲイウォイーバイユェンダウージャン　ウーシーユェンダシージャン
I'd like five 100 yuan bills and ten 50 yuan bills.

この紙幣をコインに替えてください。

把这个纸币 换成硬币。
バージェイガジービー　ファンチェンインビー
Please change this bill into coins.

計算書をください。

请把单子给我。
チンバーダンズゲイウォ
Receipt, please.

無事両替
できました～！

海外での ATM 利用法

VISAやMasterCardなど、国際ブランドのクレジットカードやデビットカードがあれば、提携ATMで現地通貨を引き出せます。出発前に海外利用の可否、限度額、手数料、暗証番号などを確認しておきましょう。

24時間のATMもあって便利ですが、路上にあるATMや夜間の利用は避けた方が安全。

1. カードを挿入する

2. 「暗証番号を入力してください」

4桁の暗証番号(PIN)を入力。

3. 「取引内容を選択してください」

「WITHDRAWAL (引き出し)」を選択。

引き出し
残高照会
振込

4. 「取引口座と金額を入力してください」

クレジットカードは「CREDIT」、デビットカードは「SAVINGS」を選択。引き出す額は、表示金額から選ぶか入力。

当座預金から
普通預金から
クレジットカードから

手紙や小包を出してみましょう

郵便と配送
郵件和配送
ヨウジェンボーベイゾン

海外から、手紙で旅の報告をしましょう。
買い込んだおみやげを送ってしまえば、身軽に旅を続けられます。

郵便局を探しましょう

中国の郵便局は「中国邮政」、台湾では「郵局」と表示されています。ポストの色は緑色。台湾のポストは緑（台湾内）と赤（エアメールや速達）の2種類。郵便局で小包を送りたい場合は、中身の検査があるため梱包しないで持参します。

切手はどこで買えますか？

在哪里 能买到邮票？
ザイナーリ　ノンマイダオヨウピャオ
Where can I buy some stamps?

郵便局［ポスト］はどこですか？

邮局[邮箱]在哪里？
ヨウジュ[ヨウシャン]ザイナーリ
Where is the post office [mailbox]?

これを日本に送りたいのですが。

想把这个 寄到日本。
シャンバージェイガ　ジーダオリーベン
I'd like to send this to Japan.

何日くらいで届きますか？

几天能到？
ジーティエンノンダオ
How long does it take to get there?

はがき・手紙の郵送

はがき・手紙を日本へ送る場合は、宛名の下に「JAPAN」「AIR MAIL」と記入し、ポストに投函すればOK。通常は1週間程度で届きます。

速達にしてください。

请给我快递。
チンゲイウォクァイディ
Please make it an express.

日本までいくらかかりますか？

寄到日本 邮费多少？
ジーダオリーベン　ヨウフェイドゥオシャオ
How much is the postage to Japan?

航空便だと14元、船便だと7元かかります。

空运是14元，船运是7元。
コンユンシーシースーユエン　チュアンユンシーチーユエン
14 yuan for air, and 7 yuan for ship.

数字 ⇒ P.148

132

基本会話

グルメ

ショッピング

ビューティ

見どころ

エンタメ

ホテル

乗りもの

基本情報

単語集

荷物の配送

郵便局からは航空便、SAL便、船便などで送れます。急ぎの場合はEMS(国際特快速達／台湾では國際快捷郵件)を利用すると最短2〜3日で届きますが、取り扱いは大きな郵便局に限られます。

国際宅配便

荷物を引き取りに来てくれるほか、場合によっては梱包や税関手続きもしてもらえます。

日本に荷物を送りたいのですが。

想往日本 邮行李。
シャンワンリーベン ヨウシンリー
I'd like to send a package to Japan.

ダンボール箱とテープをもらえますか?

能给我 纸壳箱和胶带吗?
ノンゲイウォ ジークーシャンホージャオダイマ
Could I have a box and a tape?

伝票の書き方を教えてください。

请告诉我 怎么填写这表。
チンガオスーウォ ゼンマティエンシェジェビャオ
Please tell me how to write an invoice.

壊れやすいものが入っています。

有易碎物品 在里面。
ヨウイースイウーピン ザイリーミェン
There is a fragile item.

宛先の書き方

●はがきや封書の場合

差し出し名は、日本語でもOK。日本の住所を書いてもよい

朱字で書く

POST CARD
TAKUMI NAKAMURA
BEIJING HOTEL
Beijing, China

東京都中央区中央1-1-1
鈴木花子様

JAPAN

AIR MAIL

切手（郵便局やホテルで買える）

宛名は日本語でOK

国名は朱字で書く

お役立ち単語集 WORD		切手	邮票 ヨウピャオ	割れ物注意	易碎物品 イースイウーピン
		封書	封好的信 フェンハオダシン	取り扱い注意	轻拿轻放 チンナーチンファン
はがき	明信片 ミンシンピェン	印刷物	印刷品 インシュアピン	小包	包裹 バオグォ

電話をかけてみよう

電話
電话
ディエンファ

レストランやエステなどの予約はもちろん、緊急時に電話が使えると便利で心強いです。
宿泊しているホテルや日本大使館の番号を控えておくとより安心です。

電話をかける方法

公衆電話はコイン式やカード式などあり、通常は国際電話もかけられますが、数は減っています。携帯電話が使えない場合は、ホテル客室の電話を使うのが手軽です。ただし、ホテルの手数料が加算されて割高になりやすいので注意しましょう。

国際電話のかけ方
○ダイヤル直通電話

・一般電話
(例)東京03-1234-5678
　　へかける
ホテルからかけるときは、
ホテルの外線番号
　　　　↓
　　　　日本の国番号
　　↓　　↓
●-▲▲-81-3-1234-5678
　↑　　　↑
国際電話　市外局番の
識別番号★　最初の0はとる

・携帯電話
(例)日本090-1234-5678
　　へかける
ホテルからかけるときは、
ホテルの外線番号
　　　　↓
　　　　日本の国番号
　　↓　　↓
●-▲▲-81-90-1234-5678
　↑　　　↑
国際電話　識別番号の
識別番号★　最初の0はとる

★国際電話識別番号
　中国・・・00
　台湾・・・002
　香港・・・001
　マカオ・・00

公衆電話はどこにありますか？

公用电话 在哪里？
ゴンヨンディエンファ　ザイナーリ
Where is the pay phone?

もしもし、シェラトンホテルですか？

喂，是西来登饭店吗？
ウェイ　シーシーライドンファンディエンマ
Hello. Is this the Sheraton Hotel?

1102号室のスズキハナコさんをお願いします。

请帮我找一下 1102房间的铃木花子。
チンバンウォジャオイーシャ　ヤオヤオリンアールファンジェンダリンムーファズー
May I speak to Ms. Hanako Suzuki in room 1102?　　数字◎P.148

少々お待ちください。

请稍等。
チンシャオドン
Just a moment, please.

伝言をお願いできますか？

能帮我 转一下口信吗？
ノンバンウォ　ジュアンイーシャコウシンマ
Can I leave a message?

また後でかけ直します。

过会儿我再打。
グォフェアルウォザイダー
I'll call again later.

ナカムラから電話があったと彼女に伝えてください。

请告诉她 中村来过电话。
チンガオスーター　ジョンツンライグオディエンファ
Please tell her that Nakamura called.

基本会話

グルメ

ショッピング

ビューティ

見どころ

エンタメ

ホテル

乗りもの

基本情報

単語集

国際電話のおもな国番号

中国・・・86
台湾・・・886
香港・・・852
マカオ・・853

日本からの国際電話のかけ方は？

相手に直接かける
のが最も簡単で早
い方法です。
日本から中国の
(例)021-1234-5678
へかける

国際電話会社の識別番号
┌── 中国の国番号
●-010-86-21-1234-5678
国際電話識別番号　　市外局番の最初の0はとる

国際電話会社の識別番号

マイライン/マイラインプラスの
国際通話未登録の場合は、最
初に国際電話会社の番号をつ
けてからダイヤルします(ソフト
バンク:0061) ※2024年1月以
降は原則不要になる予定

もっとゆっくり話してもらえますか？

能慢点说吗？
ノンマンディエンシュオマ
Could you speak more slowly?

国内電話のかけ方

市外通話なら市外局番から、市内
通話なら相手の番号をそのまま
かけます。

ごめんなさい、番号を間違えました。

对不起，打错了。
ドゥイブチー　ダーツォラ
I'm sorry, I have the wrong number.

携帯電話の利用について

日本の携帯やスマホを海外で使
う場合は、高額請求を避けるた
め、事前に料金や設定を確認して
おきましょう。SIMフリーの機種な
ら、現地で利用できるプリペイド
SIMを購入する方法もあります。

携帯電話をレンタルしたいのですが。

想租一部手机。
シャンズゥイーブーショウジー
I'd like to rent a cell phone.

通話アプリの注意点

LINEやFaceTimeなどのアプリ
を使うと無料で通話できますが、
データ通信量はかかります。フリ
ー WiFiや海外パケット定額など
を利用しましょう。データローミン
グなどの設定も確認を。中国本
土ではLINEをはじめ、規制で使
えないアプリが多いので、出発前
に調べておくと安心です。

コレクトコールで日本に電話をかけたいのですが。

想用对方付费的方式 往日本打电话。
シャンヨンドゥイファンフーフェイダファンシー　ワンリーベンダーディエンファ
I'd like to make a collect call to Japan.

この電話からかけられますか？

可以 用这个电话打吗？
クーイー　ヨンジェイガディエンファダーマ
Can I make a call on this phone?

日本語を話せる人はいますか？

有 会说日语的人吗？
ヨウ　フイシュオリーユーダレンマ
Is there anyone who speaks Japanese?

無事電話
できました～！

135

インターネット

网络
ワンルオ

現地での情報収集はもちろん、通信手段としても、
旅行先でのインターネット利用は欠かせませんね。

ネットを利用するには？

● **Wi-Fiスポットを活用**
空港やホテル、カフェやレストランなど、多くの場所で無料Wi-Fiが利用できます。速度はまちまちで、時間制限があることも。パスワードが不明ならスタッフに聞きましょう。ただし、中国本土ではネット規制が厳しいです。

● **海外パケット定額を利用**
携帯電話会社の海外パケット定額サービスは、1時間や1日など、好きなタイミングで使えて便利。日本の契約プランのデータ量を使えるものも。申し込みや設定が必要で、格安SIMは対象外のこともあります。中国のネット規制を受けにくいです。

● **Wi-Fiルーターを借りる**
空港などでもレンタルできる海外用Wi-Fiルーターは、複数台を同時に接続できて便利。ルーターの持ち歩きや充電、受取・返却が必要です。中国のネット規制を受けないVPN付きプランなどもあります。

● **プリペイドSIM
カード購入**
データ通信量や期間などが決まっている前払い式のSIMカード。カードの入れ替えが不要なeSIMが便利。利用には対応機種が必要です。中国のネット規制対策には、日本での購入がおすすめ。

中国のネット規制に注意

中国では政府の厳しいネット規制のため、Google、YouTube、Instagram、Facebook、LINEやWhatsAppをはじめ、多くのアプリやサービスが使えません。VPN（仮想プライベートネットワーク）や国際ローミングなどで使う方法もありますが、規制は変わりやすいので、出発前に確認しましょう。香港、マカオ、台湾では規制はありません。

ホテルに無料の Wi-Fi はありますか？

酒店里有免费的Wi-Fi吗？
ジウ ディエン リー ヨウ ミエン フェイ ダ ウイ ファイ マ
Do you have a free Wi-Fi?

Wi-Fi のパスワードを教えてもらえますか？

可以告诉我Wi-Fi的密码吗？
クー イー ガオ スー ウォ ウイ ファイ ダ ミー マー マ
Can I have the Wi-Fi password?

部屋でインターネットを使うことはできますか？

房间里可以使用网络吗？
ファーン ジエン リー クー イー シー ヨーン ワーン ルオ マ
Can I use the internet in my room?

近くで Wi-Fi を使えるところはありますか？

附近有没有可以使用Wi-Fi的地方？
フゥ ジン ヨウ メイ ヨウ クー イー シー ヨーン ウイ ファイ ダ ディー ファン
Where can I find free Wi-Fi around here?

ポケット Wi-Fi の貸出はありますか？

有出租的便携式随行Wi-Fi吗？
ヨウ チュ ズー ダ ビエン シエ シー スイ シーン ウイ ファイ マ
Can I borrow a pocket Wi-Fi?

無料Wi-Fiはセキュリティに問題があることも。提供元がわからないWi-Fiへの接続や、ID・パスワードなどの個人情報入力は避けましょう。

基本会話

グルメ

ショッピング

ビューティ

見どころ

エンタメ

ホテル

乗りもの

基本情報

単語集

自分のPCを持っていく場合

渡航先によっては充電時にプラグ変換
アダプターが必要なので準備しましょ
う。ACアダプターの対応電圧が100-240
Vであれば変圧器は不要です。

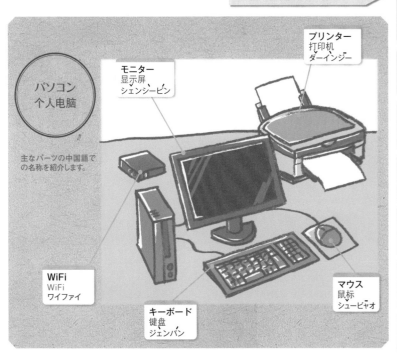

パソコン
个人电脑

主なパーツの中国語で
の名称を紹介します。

プリンター
打印机
ダーインジー

モニター
显示屏
シェンシーピン

WiFi
WiFi
ワイファイ

キーボード
键盘
ジェンバン

マウス
鼠标
シュービャオ

すぐに使えるトラブルフレーズ

LAN [Wi-Fi] の接続がうまくいきません。見てもらえますか？
LAN[Wi-Fi]无法连接。能帮看一下吗？
ラン[ワイファイ]ウーファーリェンジエ ノンバンカンイーシャマ

マウスの調子が悪いです。
鼠标不太好用。
シュービャオブータイハオヨン

フリーズしました。
死机了。
スージーラ

もしものために 緊急・トラブルに備えましょう

旅先では何が起こるかわかりません。
重大な事態を回避するためにも、ここで紹介するフレーズを覚えましょう。

助けを呼ぶ

助けて！
救命！
ジゥミン
Help me!

やめて！
住手！
ジュショウ
Stop it!

一緒に来て！
一起来！
イーチーライ
Come with me!

聞いて！
听着！
ティンジェ
Listen!

警察を呼んで！
叫警察！
ジャオジンチャ
Call the police!

泥棒！
小偷！
シャオトウ
Thief!

その男 [女] をつかまえて！
抓住他[她]！
ジュワジューター [ター]
Catch that man[woman]!

だれか！
来人吶！
ライレンナー
Somebody!

お金のもちあわせはありません。
没带钱。
メイダイチェン
I don't have any money.

これで全部です。
这是全部。
ジェシーチュアンブー
That's all.

殺さないで！
别杀我！
ビエシャウォ
Don't kill me!

出ていけ！
出去！
チューチュー
Get out!

医者を呼んでください。
请叫医生。
チンジャオイーション
Call a doctor.

基本会話

グルメ

ショッピング

ビューティ

見どころ

エンタメ

ホテル

乗りもの

基本情報

単語集

脅迫のことば

動くな!

不许动!
ブーシュドン
Don't move!

止まれ!

停!
ティン
Stop!

金を出せ!

把钱 拿出来!
バーチェン ナーチュライ
Give me the money!

静かにしろ!

安静!
アンジン
Be quiet!

手をあげろ!

举起手来!
ジュチーショウライ
Hands up!

隠れろ!

藏起来!
ツァンチーライ
Hide!

荷物を渡せ!

把东西给我!
バードンシゲイウォ
Give me the luggage!

紛失・盗難

パスポートをなくしました。

把护照 弄丢了。
バーフージャオ ノンディウラ
I lost my passport.

ここに電話してください。

请给这里 打电话。
チングイジェリ ダーディエンファ
Call here.

バッグ[財布]を盗まれました。

包[钱包]被盗了。
バオ [チェンバオ] ベイダオラ
I had my bag[wallet] stolen.

日本語を話せる人はいますか?

有会说日语的人吗?
ヨウフイシュオリーユーダレンマ
Is there anyone who speaks Japanese?

日本大使館はどこですか?

日本大使馆 在哪里?
リーベンダーシーグァン ザイナーリ
Where is the Japanese embassy?

緊急・トラブルに備えましょう

トラブルに対処するために

警察に届けたいのですが。

我想 报案。

ウォシャン バオアン

I'd like to report it to the police.

盗難証明を作ってください。

请给开 挂失证明。

チンゲイカイ グゥシージョンミン

Please make out a report of the theft.

私の荷物が見つかりません。

我找不到 我的行李了。

ウォジャオブダオ ウォダシンリーラ

I can't find my baggage.

どこに置き忘れたかわかりません。

我忘了 放在哪里了。

ウォワンラ ファンザイナーリーラ

I'm not sure where I lost it.

どこに届ければいいですか?

在哪里挂失?

ザイナーリグァシー

Where should I take this?

あそこの遺失物係へ届け出てください。

到那边的失物招领处 挂失。

ダオナービエンダシーウージャオリンチュ グァシー

Please report to the lost-and-found over there.

見つかりしだい、ホテルに連絡してください。

找到后，马上跟我住的酒店 联系。

ジャオダオホウ　マーシャンゲンウォジュダジウディエン　リェンシー

Please call my hotel as soon as you've located it.

タクシーにバッグを置き忘れました。

我把包 忘在出租车上了。

ウォバーバオ　ワンザイチューズーチョーシャンラ

I left my bag in the taxi.

ここに置いたカメラがなくなりました。

放在这里的相机不见了。

ファンザイジェリダ　シャンジー　ブージエンラ

I left my camera here and now it's gone.

	盗難	被盗 ベイダオ	クレジット カード	信用卡 シンヨンカー	
	電話	电话 ディエンファ	日本大使館	日本大使馆 リーベンダーシーグァン	
警察 ジンチャ	お金	钱 チェン	パスポート	护照 フーヂャオ	
救急車 ジージウチョー	住所	地址 ディーヂー	スリ	小偷 シャオトウ	
紛失 ディウシー	トラベラーズ チェック	旅行支票 リュシンジービャオ	警備員	保安 バオアン	

memo

クレジットカード紛失時連絡先

航空会社

ホテル

海外旅行保険

日本語 OK の医療機関

memo

緊急・トラブルに備えましょう

病気・ケガ

気分が悪いです。
有点 不舒服。
ヨウディエン ブーシューフ
I feel sick.

頭痛がします。
有点 头疼。
ヨウディエン トウトン
I have a headache.

めまいがします。
有点 头晕。
ヨウディエン トウユン
I feel dizzy.

吐き気がします。
有点 恶心。
ヨウディエン オーシン
I feel nauseous.

熱があるようです。
好像 有点 发烧。
ハオシャン ヨウディエン ファシャオ
I think I have a fever.

お腹が痛いです。
肚子疼。
ドゥズトン
I have a stomachache.

血液型はB型です。
血型是 B型。
シュエシンシービーシン
My blood type is B.

血液型の読み方は・・・

A型	A型	O型	O型
	エイシン		オウシン
B型	B型	AB型	AB型
	ビーシン		エイビーシン

診断書をお願いします。
请给 开一下诊断书。
チンゲイ カイイーシャジェンドゥンシュ
Can I have a medical certificate?

歯が痛みます。
有点 牙疼。
ヨウディエン ヤートン
I have a toothache.

足首をねんざしました。
扭着脚了。
ニウジェジャオラ
I sprained my ankle.

腕の骨を折ったようです。
好像 胳膊骨折了。
ハオシャン グーボグージョーラ
I think I broke my arm.

手をやけどしました。
手 烫伤了。
ショウ タンシャンラ
I burned my hand.

ナイフで指を切りました。
用刀把手割了。
ヨンダオバーショウグーラ
I cut my finger with a knife.

基本会話

グルメ

ショッピング

ビューティ

見どころ

エンタメ

ホテル

乗りもの

基本情報

単語集

頭	头 トウ	あご	下颚 シャオー
こめかみ	太阳穴 タイヤンシェ	首	脖子 ボーズ
額	额头 オートウ	のど	嗓子 サンズ
頬	腮 サイ		
目	眼睛 イェンジン		
耳	耳朵 アルドゥオ		
鼻	鼻子 ビーズ		
歯	牙 ヤー		

┌──────────┐
│ ░░░░░░░ │が痛い。
│ ░░░ │ 疼。
│ ░░░ │トン
└──────────┘

肩	肩 ジェン		
胸	胸 ション		
腹	肚子 ドゥズ		
腕	胳膊 グーボ		
肘	肘 ジョウ		
手	手 ショウ		
手首	手腕 ショウワン		
指	手指 ショウジー		
爪	指甲 ジージャ		
背中	后背 ホウベイ		
わきの下	腋下 イェシャ		
肌	皮肤 ピーフー		
下腹	下腹 シャフー		
みぞおち	胸口 ションコウ		
へそ	肚脐 ドゥチー		
腰	腰 ヤオ		
お尻	屁股 ピーグ		
陰部	下体 シャティ		

足	脚 ジャオ	
太もも	大腿 ダートゥイ	
ひざ	膝盖 シーガイ	
すね	胫 ジン	
ふくらはぎ	小腿肚 シャオトゥイドゥ	
足首	脚脖 ジャオボー	
爪先	脚尖 ジャオジェン	
かかと	脚后跟 ジャオホウゲン	

お役立ち単語集 WORD

		時差ボケ	时差没倒过来 シーチャーメイダオグオライ	出血	出血 チューシュエ
		風邪	感冒 ガンマオ	寒気	发冷 ファレン
下痢	泻肚 シェドゥ	骨折	骨折 グージョー	切り傷	擦伤 ツァーシャン
寝不足	睡眠不足 シュイミエンブーズー	かゆみ	痒 ヤン	薬	药 ヤオ

日本を紹介しましょう

旅先で親しくなった外国の人々に、その国の言葉で日本を紹介しましょう。

| | は日本でとても人気がある料理です。 |

| | 是在日本很有人气的菜。 |

シーザイリーベンヘンヨウレンチーダツァイ

Point 旅行先で、日本のことについて聞かれるかも。そんなとき、少しでも紹介できるとうれしいですよね。まずは食べ物から。

寿司　寿司 ショウスー　寿司は酢で味を付けた飯に魚介類の刺身をのせたものです。

寿司是 在用醋调过味的饭上面 放上海鲜切片的食品。
ショウスーシー　ザイヨンツゥティアオグゥオウェイダファンシャンミェン　ファンシャンバイシェンチェビェンダシーピン

てんぷら　天妇罗 ティエンフールオ　野菜や魚介類などに、小麦粉を水で溶いて作ったころもをつけて、油で揚げたものです。

蔬菜或海鲜类材料 蘸上用水溶解好的面粉，放到锅里 油炸而成的食品。
シューツァイフオハイシェンレイツァイリャオ　ザンシャンヨンシュイロンジェハオダミェンフェン　ファンダオグゥオリ　ヨウジャーアルチェンダシーピン

すきやき　寿喜烧 ショウジーシャオ　牛肉の薄切りを豆腐や野菜とともに醤油ベースのタレで煮るものです。

牛肉切成薄片 和豆腐，蔬菜一起，放到 用酱油调味的汤里 炖的食品。
ニウロウチェチェンバオビェン　ホゥドウフ　シューツァイイーチー　ファンダオ　ヨンジャンヨウティアオウェイダタンリ　ドゥンダシーピン

おでん　关东煮 グゥアンドンジュ　練り物や野菜などのさまざまな具を、だし汁で煮込んだものです。

将海鲜丸子，牛肉丸子，蔬菜等各种材料，放进 鲣鱼汤里煮的食品。
ジャンハイシェンワンズ　ニウロウワンズ　シューツァイングージョンツァイリャオ　ファンジン　ジェンユータンリージュダシーピン

焼き鳥　烤鸡串 カオジーチュアン　鶏肉などを串に刺して、タレや塩をまぶしてあぶったものです。

将鸡肉等材料 串成串儿，浇上酱汁或盐，用火烤的食品。
ジャンジーロウドンツァイリャオ　チュアンチェンチュアン　ジャオシャンジャンジーフオイェン　ヨンフオカオダシーピン

144

基本会話

グルメ

ショッピング

ビューティ

見どころ

エンタメ

ホテル

乗りもの

基本情報

単語集

□□□□□	は日本でとても人気がある観光地です。
□□□□□	是在日本很有人气的旅游景点。
□□□□□	シーザイリーベンヘンヨウレンチーダリュウジンディエン

Point 日本の地名や観光地は、ほとんど日本語と同じ発音で OK なので紹介しやすいですね。まずは、そこがどんな場所なのかをわかってもらいましょう。

富士山　富士山　フーシーシャン　日本で最も高い山で、海抜3776メートルあります。5合目まで車で行くことができます。

日本最高的山，海拔3776米。能坐车到5合目。
リーベンズイガオダシャン　ハイバーサンチェンチーバイチーシーリウミー　ノンズォチョーダオウーホームー

京都　京都　ジンドゥ　多くの文化遺産、伝統産業を今に伝える日本の歴史的な都市です。

是一个历史古城，很多的文化遗产 和传统产业 流传至今。
シーイーガリーシーグーチェン　ヘンドゥオダウェンファイーチャン　ホゥチュアントンチャンイェ　リュウチュアンジージン

秋葉原　秋叶原　チウイエユェン　周辺に電気製品やアニメグッズが揃い、多くの外国人観光客も訪れる東京の街です。

周边俱全了 电气产品 和卡通连带商品，很多外国游客 都必到的东京街区。
ジョウビェンジュチェンラ　ディエンチーチャンビン　ホゥカードゥンリェンダイシャンビン　ヘンドゥオワイグォヨウクー　ドウビーダオダドンジンジェチュ

大阪　大阪　ダーバン　西日本の経済・文化の中心で、豊かな食文化が魅力です。

是西日本的经济，文化中心，有着丰富的饮食文化。
シーシーリーベンダジンジー　ウェンファジョンシン　ヨウジョフェンフーダインシーウェンファ

知床　知床　ズーチワン　北海道の東端にある半島一帯で、2005年に世界自然遺産に登録されました。

北海道东端的 半岛一带，2005年被收进了 世界自然遗产。
ベイハイダオドンドゥワンダ　バンダオイーダイ　アルリンリンウーニエンベイショウジンラ　シージェズーランイーチャン

145

日本を紹介しましょう

[　　　　　] は日本の伝統文化です。

[　　　　　] 是日本的传统文化。

シーリーベンダチュアントンウェンファ

Point 「伝統文化」を紹介するのはちょっと苦労するかも。ジェスチャーもまじえて相手に伝えてみるのもいいでしょう。

歌舞伎　歌舞伎 グーウージー　江戸時代から続く、日本の伝統芸能です。男性役も女性役も男優が演じるのが特徴です。

从江户时代 延续下来的传统艺术。男女角色 均由男演员来演 是最大的特点。

ツォンジャンフーシーダイ イェンシュシャライダチュアントンイーシュー ナンニュジャオシェ ジュンヨウナンイェンユエンライイェン シーズイダーダテェディエン

相撲　相扑 シャンプー　土俵上で2人の力士が競い合う、日本の伝統的なスポーツです。

是两名大力士 在土台上相互较力的 日本传统运动。

シーリャンミンダーリーシー ザイトゥタイシャンシャンフージャオリーダ リーベンチュアントンユンドン

茶道　茶道 チャダオ　伝統的な様式にのっとり、抹茶を振る舞う行為のことです。

依据传统的礼仪，给大家 献抹茶的一种文化。

イージュチュアントンダリーイー ゲイダージャ シェンモーチャダイージョンウェンファ

俳句　俳句 バイジュ　五・七・五の三句十七音から成る日本独自の詩で、季節を表す「季語」を使い心情を表現します。

是日本独有的 古典短诗，由5.7.5的十七字音组成，

シーリーベンドゥヨウダ グーディエンドゥワンシー ヨウウーチーウーダシーチーズーインズゥチェン

有用'季语'来表达心情的特点。

ヨウヨン ジーユー ライビャオダーシンチンダテェディエン

落語　单口相声 ダンコウシャンシェン　「寄席」と呼ばれる演芸場などで行われる、日常を滑稽な話として語る伝統的な話芸です。

是日本的 传统曲艺形式之一。在被称为'寄席'的小剧场表演，

シーリーベンダ チュアントンチュイーシンシージーイー ザイベイチェンウェイ ジーシー ダシャオジュチャンビャオイェン

说一些日常生活家长里短的 小故事的。

シュオイーシェリーチャンシェンフォジャチャンリードゥンダ シャオグーシダ

日本の人口は 約1億2千万人です。	日本的人口 大约是1亿2千万。 リーベンダレンコウ ダーユェシーイーイーリャンチェンワン The population of Japan is about 120 million.	
日本の首都は 東京です。	日本的首都是东京。 リーベンダショウドゥシードンジン The capital of Japan is Tokyo.	
夏になると 台風が増えます。	到了夏天 台风会越来越多。 ダオラシャティエン タイフェンフイユェライユェドゥオ There are many typhoons in summer.	
日本は地震が 多いです。	日本地震很多。 リーベンディジェンヘンドゥオ We have many earthquakes in Japan.	
東京スカイツリー®は東京 で人気のある観光地です。	东京天空树是 东京很有人气的 旅游景点。 ドンジンティエンコンシューシー ドンジンヘンヨウレンチーダ リュヨウジンティエン Tokyo Skytree is the popular place to visit in Tokyo.	
日本は少子化が 進んでいます。	日本的出生率 在逐年降低。 リーベンダチュシェンリュ ザイジューニエンジャンディ Birthrate is dropping in Japan.	
日本では卓球はとても 人気があります。	在日本 乒乓球很有人气。 ザイリーベン ピンバンチウヘンヨウレンチー Table tennis is very popular in Japan.	
<u>渡辺謙</u>は日本の有名 な俳優です。	渡辺谦是 日本著名的演员。 ドゥビエンチエンシー リーベンジューミンダイエンユェン Ken Watanabe is a famous Japanese actor.	
<u>綾瀬はるか</u>は日本の 有名な女優です。	绫濑遥是 日本著名的女演员。 リンライヤオシー リーベンジューミンダニュイイェンユェン Haruka Ayase is a famous Japanese actress.	
日本では女子サッカー の人気があります。	在日本 女足很有人气。 ザイリーベン ニュズウヘンヨウレンチー Women's soccer is very popular in Japan.	
日本にはたくさんの 温泉があります。	日本有很多温泉。 リーベンヨウヘンドゥオウエンチュアン There are many hot springs in Japan.	
日本の夏は 蒸し暑いです。	日本的夏天闷热。 リーベンダシャティエンメンレー It is humid in summer in Japan.	

基本会話

グルメ

ショッピング

ビューティ

見どころ

エンタメ

ホテル

乗りもの

基本情報

単語集

基本単語を使いこなしましょう

数字、月、曜日や時間など、どんなときでも必要な基本的な単語は、
事前に覚えておくと旅行先でもとても便利ですよ。

数字

0	1	2	3	4
零	一	二	三	四
リン	イー	アール	サン	スー

5	6	7	8	9
五	六	七	八	九
ウー	リウ	チー	バー	ジウ

10	11	12	13	14
十	十一	十二	十三	十四
シー	シーイー	シーアール	シーサン	シースー

15	16	17	18	19
十五	十六	十七	十八	十九
シーウー	シーリウ	シーチー	シーバー	シージウ

20	21	22	30	40
二十	二十一	二十二	三十	四十
アールシー	アールシーイー	アールシーアール	サンシー	スーシー

50	60	70	80	90
五十	六十	七十	八十	九十
ウーシー	リウシー	チーシー	バーシー	ジウシー

100	1000	10000	10万	100万
一百	一千	一万	十万	一百万
イーバイ	イーチエン	イーワン	シーワン	イーバイワン

億	0.1	1/4
亿	零点一	四分之一
イー	リンディエンイー	スーフェンジーイー

半分	2倍	3倍
一半	両倍	三倍
イーバン	リャンベイ	サンベイ

何度も使って
覚えましょう！

基本会話

グルメ

ショッピング

ビューティ

見どころ

エンタメ

ホテル

乗りもの

基本情報

単語集

中国語数字のきほん

◆中国語の数字の言い方は、基本的には日本語と似ています。1～10を覚えれば、あとは個々の数字を続けていけばOK！

◆日本語では「100」は「百」、「1,000」は「千」ですが、中国語では「一百 イーバイ」「一千 イーチェン」というように、前に「一」が必要です。

月・季節

1月	2月	3月	4月
一月	二月	三月	四月
イーユエ	アールユエ	サンユエ	スーユエ
5月	**6月**	**7月**	**8月**
五月	六月	七月	八月
ウーユエ	リウユエ	チーユエ	バーユエ
9月	**10月**	**11月**	**12月**
九月	十月	十一月	十二月
ジウユエ	シーユエ	シーイーユエ	シーアールユエ
春	**夏**	**秋**	**冬**
春	夏	秋	冬
チュン	シャー	チウ	ドン

日本には2月9日に帰ります。	二月九日 回日本。 アールユエジウリー フイリーベン I'm going back to Japan on February 9 th.

曜日

日曜	月曜	火曜	水曜	木曜	金曜	土曜
星期日	星期一	星期二	星期三	星期四	星期五	星期六
シンチーリー	シンチーイー	シンチーアール	シンチーサン	シンチースー	シンチーウー	シンチーリウ

平日	休日	祝日
工作日	休息日	节日
ゴンズオリー	シウシリー	ジエリー

今日［明日／昨日］は何曜日ですか？	今天［明天／昨天］是星期几？ ジンティエン［ミンティエン／ズオティエン］シー シンチージー What day is today [tomorrow]?　[What day was yesterday?]
今日［明日／昨日］は月曜日です。	今天［明天／昨天］是星期一。 ジンティエン［ミンティエン／ズオティエン］シー シンチーイー It is Monday today [tomorrow]. [It was Monday yesterday.]

基本単語を使いこなしましょう

時

朝	昼	夕	夜	午前
早上	白天	傍晚	晚上	上午
ザオシャン	バイティエン	パンワン	ワンシャン	シャンウー

午後	昨日	今日	明日	あさって
下午	昨天	今天	明天	后天
シャーウー	ズオティエン	ジンティエン	ミンティエン	ホウティエン

1日前	2日後	1時間	30分間
一天前	両天后	一小时	三十分钟
イーティエンチエン	リャンティエンホウ	イーシャオシー	サンシーフェンジョン

時刻

時	分	~時半	~分前[後]
点	分	点半	分钟前[后]
ディエン	フェン	ディエンバン	フェンジョンチエン[ホウ]

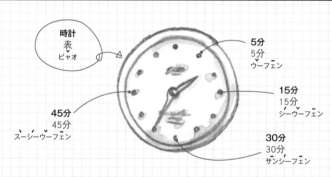

時計
表
ビャオ

5分
5分
ウーフェン

15分
15分
シーウーフェン

30分
30分
サンシーフェン

45分
45分
スーシーウーフェン

今何時ですか？	现在几点？ シエンザイジーディエン What time is it now?
何時から始まりますか？	几点开始？ ジーディエンカイシー What time does it start?

基本会話

グルメ

ショッピング

ビューティ

見どころ

エンタメ

ホテル

乗りもの

基本情報

単語集

| 8時20分 | 8点20分
バーディエンアールシーフェン
eight twenty | 昨日の11時 | 昨天11点
ズオティエン シーイーディエン
yesterday at eleven |

| 9時半 | 9点半
ジウディエンバン
nine thirty | 10時5分前 | 差5分钟10点
チャーウーフェンジョンシーディエン
five to ten |

| 午前11時 | 上午11点
シャンウーシーイーディエン
11 a.m. | 15分後 | 15分钟后
シーウーフェンジョンホウ
fifteen minutes later |

計量の単位のちがい

●長さ

メートル	インチ	フィート	ヤード	マイル	尺
1	39.37	3.28	1.094	0.00062	3.3
0.025	1	0.083	0.028	0.0000158	0.084
0.305	12	1	0.333	0.000189	1.006
0.914	36	3	1	0.00057	3.017
1609.3	63360	5280	1760	1	5310.8
0.3	11.93	0.99	0.33	0.000188	1

●重さ

グラム	キログラム	オンス	ポンド	*斤
1	0.001	0.035	0.002	0.002
1000	1	35.274	2.205	1.667
28.3495	0.028	1	0.0625	0.047
453.59	0.453	16	1	0.756
500	0.5	17.637	1.1023	1

●体積

cc	リットル	クオート	米ガロン	升
1	0.001	0.0011	0.00026	0.001
1000	1	1.056	0.264	1
946.36	0.946	1	0.25	0.946
3785.4	3.785	4	1	3.785
1000	1	1.056	0.264	1

●面積

平方キロ	ヘクタール	エーカー	平方マイル	坪	反
1	100	247.1	0.386	302500	1008.3
0.01	1	2.471	0.00386	3025	10.083
0.004	0.404	1	0.001	1224.12	4.08
2.589	258.98	640	1	783443	2611.47
0.000003	0.00033	0.0008	0.0000012	1	0.003
0.0009	0.09917	0.245	0.0003	300	1

＊台湾・香港では一斤600gが一般的です。

さくっと 中国語講座

中国語は漢字を使う言語なので、日本人にとっては他の外国語よりも取り組みやすい言語です。実際の旅では、うまくコミュニケーションがとれないこともあるかもしれませんが、相手に自分の意思を伝えようとする気持ちと、ちょっとした度胸で乗り切りましょう。

1. 四声について

「四声」とは中国式のアクセント（声調）のことで、以下の4種類があります。

● 第1声（‐）…高めの音で、その高さを一定に保って発音する。「ピンポーン」の「ピン」のように、やや高めの調子。

● 第2声（′）…中くらいの高さから上がり調子にする。「マーボードウフ」の「マー」のように、低い位置から高いところまで発音する。

● 第3声（ˇ）…低めの音をさらに抑えるように下げ、最後に少し上げる。「らっきょう」の「らっ」を少し長めかせたように低めの高さから下降し、再び上昇する調子。

● 第4声（ˋ）…高い音から一気に下げる。「イェーイ」のように、高い位置から一挙に下降する調子。
＊声調のない「軽声（˳）」もある。軽声は短く発音する。

□ ピンインについて
「ピンイン」とはローマ字による中国語の発音表記のこと。本書では「ピンイン」の代わりに、カタカナ表記を掲載しています。

□ 中国の文字について
中国では、現在「簡体字」という漢字が使われています。「簡体字」は旧字体を簡略化したもので、旧字体のことを「繁体字」といいます。台湾では「繁体字」が使われています。

2. 会話のスタートは「疑問詞」です

誰かに何かをたずねたいときに便利な疑問詞を覚えましょう。

何	什么 シェンマ	こうやって使います	例	これは何ですか？ 这是什么？ ジェシーシェンマ
だれ	谁 シェイ		例	あの人はだれですか？ 那个人是谁？ ナーガレンシーシェイ
なぜ	为什么 ウェイシェンマ		例	それはなぜですか？ 那是为什么？ ナーシーウェイシェンマ
どこ	哪儿・哪里 ナール・ナーリ		例	トイレはどこですか？ 厕所在哪里？ ツースォザイナーリ
どのように	怎么 ゼンマ		例	どうやって行くのですか？ 怎么走？ ゼンマゾウ
いつ	什么时候 シェンマシーホウ		例	いつ開きますか？ 什么时候开门？ シェンマシーホウカイメン

3. 3つの基本の文を覚えましょう

肯定文、疑問文、否定文の基本の文をマスターすれば、基本的な会話をすることができます。

基本会話

グルメ

ショッピング

ビューティ

見どころ

エンタメ

ホテル

乗りもの

基本情報

単語集

1. ～です 　語順は「主語（「私は」など）+述語（「書く」など）+目的語（「手紙を」など）」が基本です。

例　我是日本人。（私は日本人です。）　　　我吃饺子。（私は餃子を食べます。）
　　ヴォシーリーベンレン　　　　　　　　　ヴォチージャオズ

2. ～ですか 　平叙文の最後に「吗」をつけるのが最も簡単です。述語部分を「肯定形+否定形」にするものなどもあります。

例　你有笔吗？（あなたはペンを持っていますか？）
　　ニーヨウビーマ

你是学生吗？（あなたは学生ですか？）
　　ニーシーシュエションマ

你是不是学生？（あなたは学生ですか？）
　　ニーシーブシーシュエション

3. ～では ありません 　否定文は「不」か「没」を述語の前に置きます。「不」は意志や習慣の否定・形容詞の否定、「没」は事実の否定に使います。「是」には「不」、「有」には「没」しか使わないので、要注意。

例　她不来。（彼女は来ない）
　　ターブーライ

我没看过。（私は見たことがない）
　　ヴォメイカングオ

ワンポイント 中国語アラカルト

日本と同じ漢字の国、中国。似ているようでまったく違う部分もあります。

● 敬語について…中国語には日本語のように活用がないので、単語を変えて敬意を表現します。あなた「你」(ニー)の丁寧形「您」(ニン)、だれ「谁」(シェイ)の丁寧形「哪位」(ネイウェイ)などがありますが旅行の会話ではあまり気にしなくても大丈夫です。

● 格変化はありません
人称や単数・複数・時制による動詞の格変化はありません。

● 中国語の方言について
広大な中国では、地域によって北京語、上海語、広東語、アモイ語など様々な言葉が使われていて、中国人同士でも会話が全く成立しない場合も。全国どこでも通じる共通語として「普通話」(プートンホア)が定められていますが、これは北京語の語彙や発音が基準になっています。

● 同音異義語に注意しましょう

日本語	中国語での意味
手紙	トイレットペーパー
読書	学校へ行く
勉強	強制
床	ベッド
経理	社長
愛人	配偶者
花子	ホームレス

* 例のいくつかを掲載しています。

単語集（日中）

Japanese ——→ Chinese

	あ
アーケード	拱廊 ゴンラン
愛	愛 アイ
合鍵	复制的钥匙 フージーダヤオシー
あいさつ	问候 ウェンホウ
ICカード	IC卡 アイシーカー
合図	信号 シンハオ
アイス クリーム	冰激凌 ビンジーリン
アイス スケート	滑冰 ファビン
アイス ホッケー	冰球 ビンチュウ
（〜を） 愛する	愛 アイ
あいづち	随声附和 スェイシェンフーヘー
空いている	空着 コンジェ
アイディア	想法 シャンファ
相手役	对方 ドゥイファン
アイドル	偶像 オウシャン
あいにく	不凑巧 ブーツォウチャオ

相部屋	合租房间 ヘーズウファンジェン
合間	间歇 ジェンシェ
あいまいな	暧昧 アイメイ
アイロン	熨斗 ユンドゥ
アイロンを かける	熨 ユン
会う	遇见 ユージェン
合う	相合 シャンヘー
アウトレット	奥特莱斯 アオテェライスー
青い	蓝 ラン
青信号	绿灯 リュドン
赤い	红 ホン
明るい	明亮 ミンリャン
赤ん坊	婴儿 インアル
空き	空的 コンダ
秋	秋天 チウティエン
空き部屋	空房子 コンファンズ
握手する	握手 ウォショウ

アクセサリー	饰品 シーピン
アクセル	加速器 ジャスーチー
あくび	哈欠 ハーチェン
開ける	开 カイ
あご	下颚 シャエー
（〜に） あこがれる	憧憬 チョンジン
朝	早晨 ザオチェン
麻	麻 マー
明後日	后天 ホウティエン
足	脚 ジャオ
味	味道 ウェイダオ
アジア	亚洲 ヤージョウ
足首	脚腕 ジャオワン
アシスタント	助手 ジュショウ
明日	明天 ミンティエン
明日の午後	明天下午 ミンティエンシャウー
明日の晩	明晚 ミンワン

明日の夕方	明天傍晩 ミンティエンバンワン	アナウンス	广播 グァンボー	アルコール	酒精 ジウジン
足元灯	脚边灯 ジャオビエンドン	アニメ	卡通 カートン	アルコール類	酒精类 ジウジンレイ
預かる	保管 バオグァン	アパート	公寓 ゴンユー	アルバイト	短工 ドゥアンゴン
預け入れ手荷物引換証	行李交换卡 シンリージャオファンカー	アフターサービス	售后服务 ショウホウフーウー	アルバム	相册 シャンツー
預け入れ荷物	保管的行李 バオグァンダシンリー	油絵	油画 ヨウファ	アレルギー	过敏 グォミン
アスピリン	阿司匹林 アースーピーリン	油っこい	油腻 ヨウニー	アレルギーの	过敏的 グォミンダ
汗	汗 ハン	アプリケーション	应用 インヨン	暗証番号	密码 ミーマー
遊ぶ	玩 ワン	甘い	甜 ティエン	安全	安全 アンチュアン
暖かい	暖和 ヌァンヘー	あまり（それほど）	不太 ブータイ	安全な	安全的 アンチュアンダ
アダプター	适配器 シーペイチー	あまり高くない	不太贵 ブータイグイ	案内	向导 シャンダオ
頭	头 トウ	網	网 ワン	案内所	询问处 シュンウェンチュ
頭金	首付 ショウフー	編物	编织 ビェンジー	案内人	向导 シャンダオ
新しい	新 シン	あめ（キャンディー）	糖 タン	**い**	
あちら（向こう）側	对面 ドゥイミェン	雨	雨 ユー	胃	胃 ウェイ
熱い	热 レー	怪しい	奇怪 チーグァイ	言う	说 シュオ
厚い	厚 ホウ	謝る	道歉 ダオチェン	家	家 ジャ
扱う	处理 チュリー	洗う	洗 シー	医学	医学 イーシュエ
宛先	地址 ディジー	嵐	暴风雨 バオフェンユー	息	呼吸 フーシー
穴	洞 ドン	争う	争 ジョン	～行き	开往～ カイワン
アナウンサー	播音员 ボーインユェン	歩く	走 ゾウ	行き先	目的地 ムーディディ

基本会話
グルメ
ショッピング
ビューティ
見どころ
エンタメ
ホテル
乗りもの
基本情報
単語集

日本語	中国語	日本語	中国語	日本語	中国語
行き止まり	死胡同 スーフートン	委託する	委托 ウェイトゥオ	一対	一对 イードゥイ
生き物	生物 ションウー	痛み	痛 トン	いつでも	什么时候都 シェンマシーホウドウ
息抜き	歇口气 シェコウチー	痛む	疼 トン	1等	1等 イードン
息を吸う	吸气 シーチー	炒める	炒 チャオ	1杯	1杯 イーベイ
行く	去 チュー	位置	位置 ウェイジー	一般的な	普通的 プートンダ
池	池塘 チータン	一時預かり所	临时保管处 リンシーバオグァンチュ	一品料理	一个菜 イーガツァイ
胃けいれん	胃痉挛 ウェイジンラン	一時停止	暂停 ザンティン	一方通行	单行道 ダンシンダオ
意見	意见 イージェン	1日	1日 イーリー	いつも	总是 ゾンスー
囲碁	围棋 ウェイチー	1日券	1日券 イーリージュアン	糸	线 シェン
居酒屋	酒馆 ジウグァン	1日の	1日的 イーリーダ	いとこ	堂兄弟／堂姐妹／ 表兄弟／表姐妹 タンションディ タンジエメイ ビャオションディ ビャオジエメイ
意識が無い	没有意识 メイヨウイーシー	市場	市场 シーチャン		
遺失物 取扱所	遗失物品管理处 イーシーウーピングァンリーチュ	1枚	1张 イージャン	田舎	乡下 シャンシャ
医者	医生 イーション	胃腸薬	胃肠药 ウェイチャンヤオ	犬	狗 ゴウ
衣装	服装 フージュアン	いつ	何时 ヘーシー	今	现在 シェンザイ
異常な	异常 イーチャン	胃痛	胃痛 ウェイトン	イヤホン	耳机 アルジー
いす	椅子 イーズ	1階	1楼 イーロウ	イヤリング	耳环 アルファン
遺跡	遗迹 イージー	1階席 (劇場などの)	1楼座位 イーロウズォウェイ	いらいら する	烦躁 ファンザオ
忙しい	忙 マン	1個	1个 イーガ	入口	入口 ルーコウ
急ぐ	急 ジー	一式	1套 イータオ	炒り卵(ス クランブル エッグ)	炒鸡蛋 チャオジーダン
板	板 バン	一緒に	一起 イーチー	衣料品	服装 フージュアン

色	顔色 イェンスー	ウエスト	腰围 ヤオウェイ	宇宙飛行士	宇航员 ユーハンユェン
岩	岩石 イェンシー	上の	上面的 シャンミェンダ	美しい	美 メイ
印鑑	图章 トゥージャン	上の階	楼上 ロウシャン	腕時計	手表 ショウビャオ
インク	墨水 モーシュイ	ウォーキング	步行 ブーシン	うとうとする	困倦 クンジェン
印刷物	印刷品 インシュアピン	ウォッカ	伏特加 フーテェジャ	馬	马 マー
飲酒	喝酒 ヘージウ	浮き袋	救生袋 ジウションダイ	うまい (美味)	好吃 ハオチー
飲食代	餐饮费 ツァンインフェイ	受け入れる	接纳 ジェナー	海	海 ハイ
インスタントコーヒー	速溶咖啡 スーロンカーフェイ	受付	接待 ジェダイ	海側の	靠海的 カオハイダ
インスタント食品	方便食品 ファンビェンシーピン	受取人	收取人 ショウチュレン	売り切れ	卖完 マイワン
インターネット	因特网 インテェワン	受け取る	收取 ショウチュ	うるさい	吵 チャオ
インターン	实习生 シーシーシェン	失う	失去 シーチュ	うれしい	高兴 ガオシン
インテリア	室内装饰 シーネイジュアンシュウ	後ろ	后面 ホウミェン	上着	上衣 シャンイー
インフルエンザ	流行性感冒 リュウシンシンガンマオ	薄い	薄 バオ	運賃	运费 ユンフェイ

う

ウイスキー	威士忌 ウェイシージー	薄い色	淡 ダン	運転手	司机 スージー
ウインカー	转向灯 ジュアンシャンドン	右折のみ	只向右转 ジーシャンヨウジュアン	運転免許証	驾照 ジャジャオ
上	上 シャン	うそ	谎言 フワンイェン	運動靴	运动鞋 ユンドンシェ
(〜の) 上	上面 シャンミェン	歌	歌 グー		

え

ウエイター	男服务员 ナンフーウーユェン	歌う	唱 チャン	絵	画 ファ
ウエイトレス	女服务员 ニュフーウーユェン	宇宙	宇宙 ユージョウ	エアコン	空调 コンティアオ
		宇宙ステーション	空间站 コンジェンジャン	エアコン付き	带空调 ダイコンティアオ

映画	电影 ディエンイン	（メールな どで使う） 絵文字	图画文字 トゥファウェンズー	往復	往返 ワンファン
映画館	电影院 ディエンインユェン	選ぶ	选 シュアン	往復切符	往返票 ワンファンピャオ
営業時間	营业时间 インイェシージェン	えり	领子 リンズ	大型車	大型车 ダーシンチョー
営業中	营业中 インイェジョン	エレベーター	电梯 ディエンティ	大きい	大 ダー
英語	英语 インユー	エンジニア	工程师 ゴンチェンシー	大きさ	大小 ダーシャオ
衛兵	卫兵 ウェイビン	炎症	炎症 イェンジョン	大きな	大的 ダーダ
栄養	营养 インヤン	エンジン	引擎 インチン	オーケストラ	管弦乐队 グアンシェンユェドゥイ
描く	画 ファ	演奏会	演奏会 イェンゾウフイ	大勢	很多人 ヘンドゥオレン
駅	车站 チョージャン	延長	延长 イェンチャン	オーディ ション	选拔 シュエンバー
駅員	车站工作人员 チョージャンゴンズオレ ンユェン	煙突	烟囱 イェンツォン	大道具	大型道具 ダーシンダオジュ
エキストラ ベッド	简易床 ジェンイーチュアン	鉛筆	铅笔 チェンビー	大通り	大街 ダージェ
駅で	在车站 ザイチョージャン		**お**	オート マティック車	自动挡车 ズードンダンチョー
エコノミー クラス	经济舱 ジンジーツァン	甥	侄子／外甥 ジーズ　ワイシェン	オートロッ ク	自动锁 ズードンスオ
エコノミー クラスの席	经济舱的座位 ジンジーツァンダズォウ ェイ	おいしい	好吃 ハオチー	丘	坡 ポー
エコバッグ	环保袋 ファンバオダイ	置いていく	放置 ファンジー	お金	钱 チェン
エスカレー ター	电动扶梯 ディエンドンフーティ	オイル	油 ヨウ	お粥	粥 ジョウ
エステ	美容院 メイロンユェン	お祝い	祝贺 ジューヘー	置き時計	座钟 ズオジョン
絵はがき	明信片 ミンシンピエン	応援する	支持 ジーチー	起きる	起 チー
エビ	虾 シャ	応急処置	应急措施 インジーツオシー	奥	里面 リーミェン
		嘔吐袋	呕吐袋 オウトゥーダイ	送り迎え	接送 ジェソン

日本語	中国語 読み
贈り物	礼物 リーウー
送る	送 ソン
遅れる	迟到 チーダオ
怒った	生气 ションチー
おじいさん	爷爷 イェイェ
おじさん	叔叔 シューシュ
押す	推 トゥイ
オセアニア	大洋洲 ダーヤンジョウ
お宅	您家 ニンジャー
落ち込む	沮丧 ジュサン
夫	丈夫 ジャンフー
おつり	找零 ジャオリン
音	声音 シェンイン
男／男の	男／男的 ナン／ナンダ
男の子	男孩 ナンハイ
落とす	掉 ディアオ
おととい	前天 チェンティエン
大人	大人 ダーレン
踊り	舞蹈 ウーダオ
踊る	跳舞 ティアオウー

日本語	中国語 読み
驚く	惊讶 ジンヤー
同じ	相同 シャントン
おばあさん	奶奶 ナイナイ
おばさん	阿姨 アーイー
オペラ	歌剧 グージュ
覚えている	记着 ジージェ
覚える	记 ジー
おみやげ	礼物 リーウー
重い	重 ジョン
思い出	回忆 フイイー
思う	想 シャン
重さ	重量 ジョンリャン
おもちゃ	玩具 ワンジュ
おもちゃ店	玩具店 ワンジュディエン
親	父母 フームー
親指	拇指 ムージー
お湯	热水 レーシュイ
泳ぐ	游泳 ヨウヨン
折り返し	回拨 フイボー
折り返し 電話する	回拨电话 フイボーディエンファ

日本語	中国語 読み
折り紙	折纸 ジェジー
オリジナル ギフト	独创赠品 ドゥチュアンゼンピン
降りる	下来 シャライ
オリンピック	奥林匹克 アオリンピークー
オルガン	风琴 フェンチン
オレンジ	橙子 チェンズ
終わる	结束 ジェシュー
音楽	音乐 インユェ
音楽祭	音乐节 インユェジェ
温泉	温泉 ウェンチュアン
温度計	温度计 ウェンドゥジー
女／女の	女／女的 ニュ ニュダ
女の子	女孩 ニュハイ

か

日本語	中国語 読み
ガーゼ	纱布 シャーブー
カーテン	窗帘 チュアンリエン
カート	手推车 ショウトゥイチョー
カーペット	地毯 ディタン
貝	贝 ベイ
会員証	会员卡 フイユエンカー

基本会話

グルメ

ショッピング

ビューティ

見どころ

エンタメ

ホテル

乗りもの

基本情報

単語集

絵画	絵画 フイファ	ガイド付き ツアー	有导游的旅游团 ヨウダオヨウダリュヨウ トァン	書きとめる	记下来 ジーシャライ
外貨	外币 ワイビー	ガイドブック	导游手册 ダオヨウショウツー	書く	写 シェ
海外旅行	海外旅行 ハイワイリュシン	ガイド料	导游费 ダオヨウフェイ	家具	家具 ジャジュ
外貨交換 証明書	外币兑换证明书 ワイビージャオファンジ ョンミンシュ	買い物	购物 ゴウウー	学生	学生 シュエション
海岸	海岸 ハイアン	街路	街道 ジェダオ	学生証	学生证 シュエションジョン
開館時間	开放时间 カイファンシージェン	会話	对话 ドゥイファ	拡大する	扩大 クォダー
海峡	海峡 ハイシャ	買う	购买 ゴウマイ	カクテル	鸡尾酒 ジーウェイジウ
会議	会议 フイイー	カウンター	柜台 グイタイ	家具店	家具店 ジャジュディエン
会計	会计 ファイジー	帰る	回去 フイチュ	確認する	确认 チュエレン
外国人	外国人 ワイグォレン	変える	改变 ガイビエン	過激な	过激的 グォジーダ
改札口	检票口 ジェンピャオコウ	顔	脸 リエン	掛け金	赌注 ドゥジュ
会社員	公司职员 ゴンスージーユエン	顔のお手入れ	脸部护理 リエンブーフーリー	賭ける	赌 ドゥ
海水浴	海水浴 ハイシュイユー	香り	香味 シャンウェイ	かご	筐 クァン
回数券	回数券 フイシュージュアン	画家	画家 フゥジャー	傘	伞 サン
快晴	晴朗 チンラン	価格	价格 ジャグー	火山	火山 フォシャン
階段	楼梯 ロウティ	鏡	镜子 ジンズ	火事	着火 ジャオフォ
懐中電灯	手电筒 ショウディエントン	係員	负责人 フーゼーレン	家事	家务 ジャウー
快適な	舒适的 シューシーダ	（金が） かかる	花费 ファフェイ	カジノ	赌博 ドゥボウ
開店時間	开店时间 カイディエンシージェン	鍵	钥匙 ヤオシ	歌手	歌手 グーショウ
		書留	挂号 グァハオ	カジュアルな	休闲的 シウシェンダ

日本語	中国語・発音	日本語	中国語・発音	日本語	中国語・発音
数	数 シュー	家庭	家庭 ジャティン	紙コップ	纸杯 ジーベイ
ガス欠	需要加油 シュヤオジャヨウ	家庭教師	家庭教师 ジャティンジャオシー	かみそり	剃须刀 ティシュダオ
風	风 フェン	角	角 ジャオ	紙タオル	纸巾 ジージン
風邪	感冒 ガンマオ	悲しい	悲哀 ベイアイ	雷	雷 レイ
課税	征税 ジョンシュイ	金物店	五金店 ウージンディエン	紙袋	纸袋 ジーダイ
風が吹く	吹风 チュイフェン	金(かね)	钱 チェン	ガム	口香糖 コウシャンタン
風邪薬	感冒药 ガンマオヤオ	可能性	可能性 クーノンシン	亀	乌龟 ウーグイ
画像	画像 ファシャン	カバー チャージ	服务费 フーウーフェイ	仮面	面具 ミェンジュ
家族	家人 ジャレン	かばん	皮包 ピーバオ	カメラ	照相机 ジャオシャンジー
ガソリン	汽油 チーヨウ	花瓶	花瓶 ファピン	カメラ店	照相机店 ジャオシャンジーディエン
ガソリン スタンド	加油站 ジャヨウジャン	カフェ	咖啡 カーフェイ	かゆい	痒 ヤン
固い	坚硬 ジェンイン	カフェテリア	自助餐厅 ズージューツァンティン	カラー フィルム	彩色胶卷 ツァイスージャオジュアン
形	形状 シンジュアン	花粉症	花粉过敏 ファフェングォミン	辛い	辣 ラー
片道	单程 ダンチョン	壁	墙壁 チャンビー	カラオケ	卡拉ok カーラーオケ
片道切符	单程票 ダンチョンピャオ	壁紙	墙壁纸 チャンビージー	ガラス	玻璃 ボーリ
カタログ	商品目录 シャンピンムールー	カボチャ	南瓜 ナングァ	体	身体 シェンティ
花壇	花坛 ファタン	紙	纸 ジー	空の	空的 コンダ
楽器店	乐器店 ユェチーディエン	神	神 シェン	借りる	借 ジェ
学校	学校 シュエシャオ	髪	头发 トウファ	軽い	轻 チン
カップ ラーメン	方便面 ファンビエンミエン	紙おむつ	纸尿布 ジーニャオブー	カレンダー	挂历 グァリー

過労	过劳 グォラオ	韓国	韩国 ハングォ	き	
画廊	画廊 ファラン	韓国料理	韩国菜 ハングォツァイ	キーボード	键盘 ジェンバン
革	皮革 ピーグー	看護師	护士 フーシー	キーホルダー	钥匙链 ヤオシリェン
川	河 ヘー	患者	患者 ファンジェ	黄色	黄色 ファンスー
かわいい	可爱 クーアイ	感謝する	感谢 ガンシェ	気温	气温 チーウェン
乾く	干 ガン	勘定	帐 ジャン	機械	机械 ジーシェ
為替レート	汇率 フイリュ	勘定書	账单 ジャンダン	着替える	换衣服 ファンイーフ
革の ジャケット	皮夹克 ピージャクー	歓声	欢呼声 ファンフーション	期間	期间 チージェン
眼科医	眼科医生 イェンクーイーション	関税	关税 グァンシュイ	気管支炎	支气管炎 ジーチーグァンイェン
環境	环境 ファンジン	乾燥肌	干性皮肤 ガンシンピーフー	貴金属	贵金属 グイジンシュー
環境破壊	环境破坏 ファンジンポーファイ	簡単な	简单的 ジェンダンダ	聞く	听 ティン
缶切り	罐头起子 グァントウチーズ	缶詰	罐头 グァントウ	喜劇	喜剧 シージュ
管弦楽団	管弦乐团 グァンシェンユエトァン	乾電池	电池 ディエンチー	危険	危险 ウェイシェン
観光	旅游 リュヨウ	監督	教练 ジャオリェン	気候	气候 チーホウ
観光案内所	旅游咨询处 リュヨウズーシュンチュ	館内図	馆内图 グァンネイトゥ	記事	文章 ウェンジャン
観光 クルーズ	游船 ヨウチュアン	館内電話	内线电话 ネイシェンディエンファ	技師	技师 ジーシー
観光地	旅游地 リュヨウディ	乾杯	干杯 ガンベイ	議事堂	会议厅 フイイーティン
観光ツアー	旅游团 リュヨウトァン	漢方薬	中药 ジョンヤオ	技術	技术 ジーシュー
観光バス	旅游巴士 リュヨウバーシー	管理	管理 グァンリー	傷	伤 シャン
観光 パンフレット	旅游小册子 リュヨウシャオツーズ	管理人	管理人 グァンリーレン	季節	季节 ジージェ

規則	規則 グイゼー	絹(シルク)	丝绸 スーチョウ	宮殿	宮殿 ゴンディエン
ギター	吉他 ジーター	記念切手	纪念邮票 ジーニエンヨウピャオ	弓道	射术 シェシュー
北	北 ベイ	記念碑	纪念碑 ジーニエンベイ	牛肉	牛肉 ニウロウ
汚い	脏 ザン	昨日	昨天 ズオティエン	牛乳	牛奶 ニウナイ
機長	机长 ジージャン	寄付	捐赠 ジュアンゼン	救命胴衣	救生衣 ジウションイー
貴重品	贵重物品 グイジョンウービン	決める	决定 ジュエディン	給料	工资 ゴンズー
きつい	紧 ジン	記念品	纪念品 ジーニエンピン	今日	今天 ジンティエン
喫煙	吸烟 シーイェン	気持ちが悪い	不舒服 ブーシューフ	教育	教育 ジャオユー
喫煙所	吸烟处 シーイェンチュ	客	客人 クーレン	教会	教会 ジャオフイ
喫煙席	吸烟席 シーイェンシー	客船	客船 クーチュアン	教科書	教科书 ジャオクーシュー
喫茶店	咖啡厅 カーフェイティン	キャバレー	酒馆 ジウグワン	競技場	竞技场 ジンジーチャン
キッチン	厨房 チュファン	キャリーバッグ	旅行箱 リュシンシャン	京劇	京剧 ジンジュ
切手	邮票 ヨウピャオ	キャンセルする	取消 チュシャオ	教師	教师 ジャオシー
切手代	邮票钱 ヨウピャオチェン	キャンセル待ち	等待取消 ドンダイチュシャオ	教室	教室 ジャオシー
切符	票 ピャオ	休暇	休假 シウジャ	兄弟	兄弟 ションディ
切符売場	售票处 ショウピャオチュ	救急車	急救车 ジージウチョー	共同シャワー	公用淋浴 ゴンヨンリンユー
切符自動販売機	自动售票机 ズードンショウピャオジー	休憩室	休息室 シュウシーシー	共同トイレ	公用厕所 ゴンヨンツースォ
機内食	机内餐 ジーネイツァン	急行料金	快车费用 クァイチョーフェイヨン	共同浴場	公用浴池 ゴンヨンユーチー
機内持ち込み手荷物	随身携带行李 スイシェンシェダイシンリー	休日	休息日 シュウシーリー	郷土料理	地方菜 ディファンツァイ
気に入る	喜欢 シーファン	旧跡	古迹 グージー	今日の午後	今天下午 ジンティエンシャウー

163

今日の午前	今天上午 ジンティエンシャンウー	緊急	緊急 ジンジー	臭い	臭 チョウ
許可	許可 シュクー	緊急の	緊急的 ジンジーダ	鎖	鎖 スォ
興味深い	很有兴趣 ヘンヨウシンチュ	金庫	金庫 ジンクー	腐る	腐烂 フーラン
居住者	居住者 ジュジュージェ	銀行	银行 インハン	くし	梳子 シューズ
去年	去年 チュニエン	銀行員	银行职员 インハンジーユェン	くしゃみ	喷嚏 ペンティ
距離	距离 ジュリー	勤務外	工作外 ゴンズオワイ	苦情	意见 イージェン
嫌い	讨厌 タオイェン	筋肉	肌肉 ジーロウ	薬	药 ヤオ
霧	雾 ウー		 く	果物	水果 シュイグォ
切り絵	剪纸 ジエンジー	具合	状況 ジュアンクアン	口当たり	口感 コウガン
キリキリ 痛む	钻心疼 ジュアンシントン	空気	空气 コンチー	口当たりの 良い	口感好 コウガンハオ
着る	穿 チュアン	空港	机场 ジーチャン	口紅	口红 コウホン
きれい	美丽 メイリー	空港税	机场税 ジーチャンシュイ	靴	鞋 シェ
きれいな	美丽的 メイリーダ	空車 (タクシー)	空车 コンチョー	靴下	袜子 ワーズ
記録	记录 ジールー	空席	空座 コンズォ	靴店	鞋店 シェディエン
金(の)	金 ジン	偶然に	偶然 オウラン	国	国家 グォジャ
銀(の)	银 イン	空腹である	空肚子 コンドゥズ	首	脖子 ボーズ
禁煙	禁烟 ジンイェン	空腹な	饿 ウー	区分	区分 チュフェン
禁煙車	禁烟车 ジンイェンチョー	クーポン	优惠券 ヨウフイジュアン	雲	云 ユン
禁煙席	禁烟席 ジンイェンシー	区間	区间 チュジェン	曇り	阴天 インティエン
金額	金额 ジンウー	釘	钉 ディン	悔しい	懊悔 オウフイ

基本会話
グルメ
ショッピング
ビューティ
見どころ
エンタメ
ホテル
乗りもの
基本情報
単語集

暗い	暗 アン	

クラシック 音楽	古典音乐 グーディエンインユェ
クラス	班级 バンジー
グラス	杯子 ベイズ
クラブ	俱乐部 ジュレーブー
クラブ ミュージック	俱乐部音乐 ジュレーブーインユェ
グラム	克 クー
クリーニング	洗涤 シーディ
クリーニング 代	洗衣费 シーイーフェイ
クリスマス	圣诞节 シェンダンジェ
クリック	点击 ディエンジー
クルーズ	游轮 ヨウルン
車	汽车 チーチョー
車椅子	轮椅 ルンイー
車椅子用 トイレ	轮椅用厕所 ルンイーヨンツースオ
クレジット カード	信用卡 シンヨンカー
暮れる	天黑 ティエンヘイ
黒い	黑 ヘイ
クローク	披风 ピーフェン
クロワッサン	新月形面包 シンユェシンミェンバオ

け

計画	计划 ジーファ
敬語	敬语 ジンユー
経済	经济 ジンジー
経済学	经济学 ジンジーシュエ
警察	警察 ジンチャ
警察官	警官 ジングァン
警察署	警察局 ジンチャジュ
計算する	计算 ジースァン
掲示板	通知栏 トンジーラン
芸術家	艺术家 イーシュージャ
軽食	小吃 シャオチー
携帯電話	手机 ショウジー
芸能人	演艺人 イェンイーレン
警備員	保安 バオアン
契約	合同 ホートン
契約書	合同书 ホートンシュ
ケーブルカー	缆车 ランチョー
ゲーム	游戏 ヨウシー
毛織物	毛纺织品 マオファンジーピン

けが	伤 シャン
外科医	外科医生 ワイクーイーション
毛皮	毛皮 マオピー
ケガをした	受伤 ショウシャン
劇場	剧场 ジュチャン
下剤	泻药 シェヤオ
景色	景色 ジンスー
化粧水	化妆水 ファジュアンシュイ
化粧品	化妆品 ファジュアンピン
化粧品会社	化妆品公司 ファジュアンピンゴンスー
ケチャップ	番茄酱 ファンチェジャン
血圧	血压 シュエヤー
血液	血液 シュエイェ
血液型	血型 シュエシン
結婚	结婚 ジェフン
月食	月食 ユェシー
解熱剤	退烧药 トゥイシャオヤオ
煙	烟 イェン
下痢	腹泻 フーシェ
下痢止め	止泻药 ジーシェヤオ

検疫	检疫 ジェンイー	強引な	强制的 チャンジーダ	公共料金	公共费用 ゴンゴンフェイヨン
玄関	门口 メンコウ	豪雨	暴雨 バオユー	航空会社	航空公司 ハンコンゴンスー
元気を出す	打起精神 ダーチージンシェン	幸運な	幸运的 シンユンダ	航空券	机票 ジーピャオ
現金	现金 シェンジン	公園	公园 ゴンユェン	航空便	航班 ハンバン
健康	健康 ジェンカン	公演	上演 シャンイェン	合計	合计 ホージー
健康な	健康的 ジェンカンダ	公演中の	正在上演的 ジョンザイシャンイェンダ	高血圧	高血压 ガオシェヤー
検査	检查 ジェンチャ	効果	效果 シャオグォ	高原	高原 ガオユェン
検索する	检索 ジェンスォ	硬貨 (コイン)	硬币 インビー	高校生	高中生 ガオジョンション
研修	研修 イェンシウ	航海	航海 ハンハイ	広告	广告 グァンガオ
現像	显像 シェンシャン	郊外	郊外 ジャオワイ	口座	账户 ジャンフー
現代音楽	现代音乐 シェンダイインユェ	工学	工科 ゴンクー	交差点	十字路口 シーズールーコウ
建築	建筑 ジェンジュー	合格	合格 ホーグー	口座番号	账号 ジャンハオ
建築家	建筑家 ジェンジュージャ	硬貨投入口	硬币投入口 インビートウルーコウ	講師	讲师 ジャンシー
現地時間	当地时间 ダンディーシージェン	硬貨返却 レバー	退币杆 トゥイビーガン	工事	施工 シーゴン
剣道	剑术 ジェンシュー	交換	交换 ジャオファン	工事中	施工中 シーゴンジョン
見物	参观 ツァングァン	交換手	电话接线员 ディエンファジェシェンユェン	公衆電話	公用电话 ゴンヨンディエンファ
	こ	講義	授课 ショウクー	公衆トイレ	公共厕所 ゴンゴンツースオ
濃い	浓 ノン	高級	高级 ガオジー	交渉する	交涉 ジャオショー
恋人	恋人 リエンレン	公共	公共 ゴンゴン	香水	香水 シャンシュイ
コイン ロッカー	保管柜 バオグァングイ	公共の	公共 ゴンゴン	降雪	下雪 シャシュエ

166

高層ビル	高楼 ガオロウ	凍る	冻 ドン	個室	単间 ダンジェン
高速道路	高速公路 ガオスゴンルー	コールボタン	呼叫按钮 フージャオアンニゥ	コショウ	胡椒 フージャオ
紅茶	红茶 ホンチャ	小型車	小型车 シャオシンチョー	故障する	故障 グージャン
交通事故	交通事故 ジャオトンシーグー	小切手	支票 ジーピャオ	故障中	故障中 グージャンジョン
交通渋滞	交通堵塞 ジャオトンドゥスー	国際	国际 グォジー	個人用	私人用 スーレンヨン
強盗	强盗 チャンダオ	国際運転免許証	国际驾驶证 グォジージャシージョン	個性	个性 ガシン
購入	买入 マイルー	国際線	国际航线 グォジーハンシェン	小銭	零钱 リンチェン
公認両替商	授权货币兑换商 シュウチュアンフォビードゥイファンシャン	国際電話	国际电话 グォジーディエンファ	小銭入れ	零钱包 リンチェンバオ
後輩	后辈 ホウベイ	国産ビール	国产啤酒 グオチャンビージウ	午前	上午 シャンウー
興奮する	兴奋 シンフェン	国籍	国籍 グォジー	午前の便	上午的航班 シャンウーダハンバン
後方	后面 ホウミェン	国道	国道 グォダオ	答える	回答 フイダー
後方の席	后面的座位 ホウミェンダズォウェイ	国内線	国内航线 グォネイハンシェン	国家	国家 グォジャ
紅葉	红叶 ホンイェ	国内の	国内的 グォネイダ	国旗	国旗 グォチー
合流	合流 ホーリウ	国立公園	国立公园 グォリーゴンユェン	国境	国境 グォジン
声	声音 ションイン	国立の	国立的 グォリーダ	骨折	骨折 グージェ
コース	路线 ルーシェン	ここ	这里 ジェリ	小包	邮包 ヨウバオ
コート（服）	大衣 ダーイー	午後	下午 シャウー	骨董品	古董 グードン
コーヒー	咖啡 カーフェイ	心地よい	舒适 シューシー	骨董品店	古董店 グードンディエン
コーヒーショップ	咖啡厅 カーフェイティン	午後の便	下午的航班 シャウーダハンバン	コットン	棉 ミェン
氷	冰 ビン	腰	腰 ヤオ	コップ	杯子 ベイズ

167

小道具	小道具 シャオダオジュ
言葉	语言 ユーイェン
子供	儿童 アルトン
子供と一緒に	和孩子一起 ホーハイズーイーチー
子供服	童装 トンジュアン
子供料金	儿童票 アルトンピャオ
ことわる	拒绝 ジュジュエ
粉	粉 フェン
粉ミルク	奶粉 ナイフェン
コピー	复制 フージー
困る	困难 クンナン
ごみ	垃圾 ラージー
ごみ箱	垃圾箱 ラージーシャン
小麦	小麦 シャオマイ
小麦粉	小麦面粉 シャオマイミェンフェン
米	大米 ダーミー
ゴルフ	高尔夫球 ガオアルフーチウ
ゴルフコース	高尔夫球场 ガオアルフーチウチャン
ゴルフボール	高尔夫球 ガオアルフーチウ

コレクトコール	对方付费电话 ドゥイファンフーフェイディエンファ
壊れ物	易碎物品 イースイウーピン
壊れる	坏掉 ファイディアオ
今月	这个月 ジェイガユェ
コンサート	音乐会 インユェフイ
混雑	混乱 フンルアン
今週	这周 ジェジョウ
コンシェルジュ	门卫 メンウェイ
コンセント	插座 チャズオ
コンタクトレンズ	隐形眼镜 インシンイェンジン
コンドーム	避孕套 ビーユンタオ
今晩	今晚 ジンワン
コンビニエンスストア	便利店 ビェンリーディエン
コンピューター・ウィルス	电脑病毒 ディエンナオビンドゥ

さ

サーカス	马戏 マーシー
サービス	服务 フーウー
サービス料	服务费 フーウーフェイ
サーフィン	冲浪 チョンラン

災害	灾难 ザイナン
再確認する	再确认 ザイチュエレン
再起動する	重新启动 チョンシンチードン
最近	最近 ズイジン
サイクリング	自行车旅行 ズーシンチョーリュシン
在庫	库存 クーツン
最後の	最后的 ズイホウダ
サイコロ	色子 シャイズ
祭日	节假日 ジェジャリー
材質	材料 ツァイリャオ
最終目的地	最終目的地 ズイジョンムーディディ
最終列車	末班车 モーバンチョー
菜食主義者	素食主义者 スウシージュイジェ
最小の	最小的 ズイシャオダ
最初の	最初的 ズイチュダ
最新の	最新的 ズイシンダ
サイズ	尺寸 チーツン
最前列	最前排 ズイチェンパイ
最大の	最大的 ズイダーダ
最低料金	最低收费 ズイディショウフェイ

再発行する	补发 ブーファ	サッカー	足球 ズゥチゥ	サンドイッチ	三明治 サンミンジー
裁判	裁判 ツァイパン	雑貨店	杂货店 ザーフォディエン	サンバ	桑巴 サンバー
財布	钱包 チェンバオ	サックス	萨克斯 サークースー	桟橋	码头 マートゥ
サイン	签字 チェンズー	雑誌	杂志 ザージー	散髪	理发 リーファ
サウナ	桑拿 サンナー	砂糖	白糖 バイタン	散歩	散步 サンブー
探す	找 ジャオ	茶道	茶道 チャダオ		し
魚	鱼 ユー	砂漠	沙漠 シャーモー	市	市 シー
酒店	酒店 ジウディエン	(サッカーなどの)サポーター	拉拉队 ラーラードゥイ	痔	痔疮 ジーチュアン
詐欺	诈骗 ジャービエン	サマータイム	夏时制 シャシージー	試合	比赛 ビーサイ
先払い	预付 ユーフー	様々な	各种各样的 グージョングーヤンダ	シーツ	床单 チュアンダン
桜	樱花 インファ	寒い	冷 レン	CD店	CD店 シーディーディエン
サクランボ	樱桃 インタオ	寒気	寒气 ハンチー	シートベルト	安全带 アンチュアンダイ
酒	酒 ジウ	冷める	凉 リャン	寺院	寺庙 スーミャオ
差出人	发信人 ファシンレン	皿	盘子 バンズ	ジーンズ	牛仔裤 ニウザイクー
刺身	生鱼片 ションユービェン	サラダ	色拉 セーラー	自営業	个体经营 ガティジンイン
座席	座位 ズォウェイ	猿	猴子 ホウズ	ジェスチャー	手势 ショウシー
座席番号	座号 ズォハオ	さわやかな	清爽的 チンシュアンダ	支援	支援 ジーユェン
左折禁止	禁止左转 ジンジーズォジュアン	三脚	三脚 サンジャオ	塩	盐 イェン
札入れ	票夹 ピャオジャ	酸素マスク	氧气面罩 ヤンチーミェンジャオ	塩辛い	咸 シェン
撮影禁止	禁止摄影 ジンジーシェイン	産地	产地 チャンディ	歯科医	牙医 ヤーイー

市街	市区 シーチュ	静か	安静 アンジン	湿布	湿敷 シーブー
市街地図	市区地図 シーチュディトゥ	静かな	安静的 アンジンダ	質問	提問 ティウェン
市外通話	长途电话 チャントゥディエンファ	史跡	古迹 グージー	質問する	提問 ティウェン
自画像	自画像 ズーファシャン	施設	设施 ショーシー	室料	房间费 ファンジェンフェイ
時間	时间 シージェン	自然	自然 ズーラン	指定席	对号入座 ドゥイハオルーズォ
至急	加急 ジャジー	(〜の)下	下面 シャミェン	自転車	自行车 ズーシンチョー
刺激物	刺激物 ツージーウー	舌	舌头 ショートウ	自動	自动 ズードン
試験	考试 カオシー	下着	内衣 ネイイー	自動車	汽车 チーチョー
事件	事件 シージェン	親しい	亲密 チンミー	自動販売機	自动售货机 ズードンショウフォジー
事故	事故 シーグー	下の	下面的 シャミェンダ	市内	市内 シーネイ
時刻	时刻 シークー	下の階	楼下 ロウシャ	市内通話	市内电话 シーネイディエンファ
時刻表	时刻表 シークーピャオ	試着室	试衣间 シーイージェン	市内へ	往市内 ワンシーネイ
事故証明書	事故证明书 シーグージョンミンシュ	試着する	试穿 シーチュアン	品切れ	卖完 マイワン
仕事	工作 ゴンズォ	市庁舎	市政厅 シージョンティン	品物	商品 シャンピン
時差	时差 シーチャ	質	质量 ジーリャン	市の中心部	市中心 シージョンシン
時差ボケ	时差没倒过来 シーチャーメイダオグオライ	歯痛	牙痛 ヤートン	芝居	表演 ビャオイェン
磁石	吸铁石 シーティエシー	失業	失业 シーイェ	支配人	经理 ジンリー
刺繍	刺绣 ツーシウ	実際に	实际的 シージーダ	始発電車	始发车 シーファチョー
辞書	词典 ツーディエン	湿度が高い	湿度高 シードゥガオ	芝生	草坪 ツァオピン
地震	地震 ディジェン	失敗する	失败 シーバイ	支払い	支付 ジーフー

日本語	中国語 / 読み		日本語	中国語 / 読み		日本語	中国語 / 読み
持病	老毛病 ラオマオビン		ジャズ	爵士乐 ジュエシーユエ		ジュース	果汁 グォジー
紙幣	纸币 ジービー		ジャズ クラブ	爵士乐俱乐部 ジエシーユエジュロープー		自由席	不对号入座 ブードゥイハオルーズオ
脂肪	脂肪 ジーファン		社長	总经理 ゾンジンリー		(〜の)収集	〜的收集 ダショウジー
島	岛 ダオ		シャツ	衬衫 チェンシャン		修正する	修改 シウガイ
姉妹	姉妹 ジェメイ		シャッター (カメラの)	快门 クアイメン		渋滞	堵塞 ドゥスー
閉まる・ 閉める	关 グァン		車道	车道 チョーダオ		終電	末班车 モーバンチョー
シミ	斑 バン		ジャム	果酱 グォジャン		充電する	充电 チョンディエン
地味	朴素 プースウ		車両	车辆 チョーリャン		柔道	柔道 ロウダオ
ジム	健身房 ジェンシェンファン		シャワー	淋浴 リンユー		修理工場	维修厂 ウェイシウチャン
事務所	办事处 バンシーチュ		シャワー付き	带淋浴 ダイリンユー		修理する	修理 シウリー
湿った	潮湿 チャオシー		シャンプー	洗发水 シーファシュイ		週末	周末 ジョウモー
閉める	关 グァン		週	周 ジョウ		授業料	学费 シュエフェイ
地面	地面 ディミェン		銃	抢 チャン		塾	补习班 ブーシーバン
社会福祉	社会福利 ショーフイフーリー		自由	自由 ズーヨウ		祝日	节假日 ジェジャリー
ジャガイモ	土豆 トゥドウ		獣医	兽医 ショウイー		宿泊カード	住宿卡 ジュースゥカー
市役所	市政府 シージョンフー		習慣	习惯 シーグァン		宿泊客	住宿客人 ジュースゥクーレン
蛇口	水龙头 シュイロントウ		宗教	宗教 ゾンジャオ		手術	手术 ショウシュー
車掌	乘务员 チョンウーユェン		集合場所	集合地 ジーホーディ		首相	首相 ショウシャン
写真	照片 ジャオピェン		住所	地址 ディジー		主人公	主人公 ジューレンゴン
写真店	照相馆 ジャオシャングァン		就職	就业 ジウィェ		(メールを) 受信する	接收 ジェショウ

日本語	中国語/発音	日本語	中国語/発音	日本語	中国語/発音
出血する	出血 チュシェ	小学校	小学 シャオシュエ	衝突	冲突 チョントゥ
出国カード	出境卡 チュジンカー	消化不良	消化不良 シャオファブーリャン	乗馬	骑马 チーマー
出国税	出境税 チュジンシュイ	乗客	乘客 チョンクー	情報	消息 シャオシー
出身地	出生地 チュションディ	状況	状态 ジュアンタイ	情報誌	信息杂志 シンシーザージー
出発	出发 チュファ	条件	条件 ティアオジェン	消防署	消防队 シャオファンドゥイ
出発時間	出发时间 チュファシージェン	証拠	证据 ジョンジュ	照明	照明 ジャオミン
出発する	出发 チュファ	正午	中午 ジョンウー	正面スタンド	正面看台 ジョンミエンカンタイ
出発ロビー	候机室 ホウジーシー	詳細	详细 シャンシー	常用薬	常用药 チャンヨンヤオ
出版社	出版社 チュバンショー	錠剤	药片 ヤオピェン	醤油	酱油 ジャンヨウ
首都の	首都的 ショウドゥダ	上司	上司 シャンスー	使用料	使用费 シーヨンフェイ
主婦	主妇 ジュフー	正直な	诚实的 チョンシーダ	ジョギング	慢跑 マンパオ
趣味	爱好 アイハオ	症状	症状 ジョンジュアン	食あたり	食物中毒 シーウージョンドゥ
主役	主角 ジュジャオ	小説	小说 シャオシュオ	職業	职业 ジーイェ
種類	种类 ジョンレイ	乗船券	船票 チュアンピオ	食事	用餐 ヨンツァン
受話器	听筒 ティントン	肖像画	肖像画 シャオシャンファ	食堂	食堂 シータン
準備	准备 ジュンベイ	招待(する)	招待 ジャオダイ	食堂車	送餐车 ソンツァンチョー
順路	路线 ルーシェン	焼酎	烧酒 シャオジウ	職人	手艺人 ショウイーレン
上演	上演 シャンイェン	冗談	玩笑 ワンシャオ	職場	工作单位 ゴンズオダンウェイ
紹介する	介绍 ジェシャオ	使用中	使用中 シーヨンジョン	植物	植物 ジーウー
正月	正月 ジョンユェ	消毒液	消毒液 シャオドゥイェ	植物園	植物园 ジーウーユェン

日本語	中国語・発音
食欲	食欲 シーユー
食料品店	食品店 シーピンディエン
食器	餐具 ツァンジュ
食器店	餐具店 ツァンジュディエン
ショッピング街	商业街 シャンイェジェ
ショッピングセンター	购物中心 ゴウウージョンシン
ショッピングモール	综合购物中心 ゾンホーゴウウージョンシン
書店	书店 シュディエン
処方箋	处方 チュファン
署名	签名 チェンミン
所有物	携带物品 シェダイウーピン
書類	书面 シュミエン
調べる	查 チャ
城	城堡 チョンバオ
白い	白 バイ
シワ	皱纹 ジョウウェン
シンガポール	新加坡 シンジャポー
進学	升学 ションシュエ
新刊	新刊 シンカン
新幹線	新干线 シンガンシェン

日本語	中国語・発音
シングルルーム	单人间 ダンレンジェン
信号	信号 シンハオ
人口	人口 レンコウ
人工の	人工的 レンゴンダ
申告	申报 シェンバオ
申告書	申报单 シェンバオダン
申告する	申报 シェンバオ
新婚旅行	新婚旅行 シンフンリュシン
診察	检查 ジェンチャ
真実	真实 ジェンシー
寝室	卧室 ウォシー
真珠	珍珠 ジェンジュー
紳士用	男士用 ナンシーヨン
親戚	亲戚 チンチー
親切	亲切 チンチェ
心臓	心脏 シンザン
寝台車	卧铺车 ウォプーチョー
寝台料金	卧铺费 ウォプーフェイ
診断書	诊断书 ジェンドゥワンシュ
新年	新年 シンニエン

日本語	中国語・発音
新聞	报纸 バオジー
じんましん	荨麻疹 シュンマージェン
深夜	深夜 シェンイェ
親友	好友 ハオヨウ
心理学	心理学 シンリーシュエ

す

日本語	中国語・発音
酢	醋 ツゥ
スイートルーム	豪华套间 ハオファタオジェン
水泳	游泳 ヨウヨン
水彩画	水彩画 シュイツァイフア
水晶	水晶 シュイジン
推薦	推荐 トゥイジェン
水族館	水族馆 シュイズウグァン
スイッチ	按钮 アンニウ
水筒	水壶 シュイフー
水道	水道 シュイダオ
睡眠不足	睡眠不足 シュイミェンブーズゥ
睡眠薬	安眠药 アンミェンヤオ
吸う	吸 シー
数字	数字 シューズー

スーツ	西装 シージュアン	ステージ	舞台 ウータイ	すり	小偷 シャオトウ
スーツケース	旅行箱 リュシンシャン	素敵な	极好的 ジーハオダ	スリッパ	拖鞋 トゥオシエ
スーパー マーケット	超市 チャオシー	捨てる	扔 レン	スリル	惊险 ジンシェン
スカート	裙子 チュンズ	ストーブ	暖炉 ヌァンルー	3D	3D サンディ
スカーフ	披肩 ビージェン	ストッキン グ	长筒丝袜 チャントンスーワー	座る	坐 ズオ
スキー	滑雪 ファシュエ	ストレート (真っすぐ)	直 ジー		せ
ズキズキ痛む	一跳一跳地疼 イーティアオイーティ アオダトン	ストレス	压力 ヤーリー	姓	姓 シン
過ぎる	过 グォ	ストロー	吸管 シーグァン	生花店	鲜花店 シェンファディエン
すぐに	马上 マーシャン	スナック菓子	小食品 シャオシーピン	(～の)生家	(～的) 老家 (ダ) ラオジャ
スケッチ禁止	禁止素描 ジンジースゥミャオ	砂浜	沙滩 シャータン	税関	海关 ハイグァン
スコアボード	记分牌 ジーフェンバイ	スニーカー	运动鞋 ユンドンシエ	税関申告書	海关申报单 ハイグァンシェンバオダ ン
少し	稍微 シャオウェイ	スプーン	勺子 シャオズ	請求	要求 ヤオチウ
寿司	寿司 ショウスー	スプレー	喷雾器 ベンウーチー	請求書	付款通知单 フークァントンジーダン
涼しい	凉 リャン	すべての	全部的 チュアンブーダ	税金	税 シュイ
勧める	劝 チュアン	すべりやすい	容易滑 ロンイーファ	清潔な	干净的 ガンジンダ
(芸能界など の) スター	明星 ミンシン	スポーツ	运动 ユンドン	政治	政治 ジョンジー
スタイル	风格 フェングー	スポーツ用品	运动用品 ユンドンヨンピン	生鮮食品	新鲜食品 シンシェンシーピン
スタンド	看台 カンタイ	ズボン	裤子 クーズ	正装	正装 ジョンジュアン
頭痛	头痛 トウトン	隅の席	靠边的座位 カオビエンダズオウェイ	生年月日	出生日期 チューションリーチー
すっぱい	酸 スゥワン	住む	住 ジュー	性別	性别 シンビェ

日本語	中国語 / 読み
制服	制服 ジーフー
姓名	姓名 シンミン
生理痛	痛经 トンジン
生理日	经期 ジンチー
生理用ナプキン	卫生巾 ウェイションジン
生理用品	卫生用品 ウェイションヨンピン
西暦	公历 ゴンリー
税を払う	交税 ジャオシュイ
セーター	毛衣 マオイー
セーフティ・ボックス	保险箱 バオシェンシャン
セール	甩卖 シュアイマイ
セールスマン	推销员 トゥイシャオユェン
世界	世界 シージェ
世界遺産	世界遗产 シージェイーチャン
咳	咳嗽 クーソウ
席	座位 ズォウェイ
席を予約する	预约座位 ユーユェズォウェイ
石けん	香皂 シャンザオ
接続	接触 ジェチュ
接着剤	胶 ジャオ

日本語	中国語 / 読み
セット	套 タオ
セットメニュー	套餐 タオツァン
説明書	说明书 シュオミンシュ
せともの	陶器 タオチー
背中	后背 ホウベイ
セルフサービス	自选 ズーシュアン
栓	塞 サイ
先月	上个月 シャンガユェ
洗剤	洗涤剂 シーディジー
船室	船舱 チュアンツァン
船室係	客舱服务员 クーツァンフーウーユェン
船室手荷物	随身携带行李 スイシェンシェダイシンリー
洗浄ボタン	洗涤按钮 シーディアンニウ
先週	上周 シャンジョウ
洗浄液	洗涤液 シーディイェ
戦争	战争 ジャンジョン
ぜんそく	气喘 チーチュアン
洗濯機	洗衣机 シーイージー

日本語	中国語 / 読み
洗濯する	洗涤 シーディ
洗濯物	要洗的衣服 ヤオシーダイーフ
船長	船长 チュアンジャン
宣伝	宣传 シュアンチュアン
栓抜き	起瓶盖 チーピンガイ
先輩	前辈 チェンベイ
扇風機	电风扇 ディエンフェンシャン
前方	前面 チェンミェン
前方の席	前面的座位 チェンミェンダズォウェイ
専門医	专业医生 ジュアンイェイーション
専門学校	专业学校 ジュアンイェシュエシャオ
専門店	专卖店 ジュアンマイディエン

そ

日本語	中国語 / 読み
像	像 シャン
双眼鏡	双筒望远镜 シュアントンワンユェンジン
走行距離	行车距离 シンチョージュリー
総合検診	综合检查 ゾンホージェンチャ
掃除	清扫 チンサオ
掃除機	吸尘器 シーチェンチー

基本会話 / グルメ / ショッピング / ビューティ / 見どころ / エンタメ / ホテル / 乗りもの / 基本情報 / 単語集

掃除する	清扫 チンサオ		**た**	太陽	太阳 タイヤン
掃除中	清扫中 チンサオジョン	ターゲット	目标 ムービャオ	台湾	台湾 タイワン
痩身	减肥 ジェンフェイ	体温	体温 ティウェン	ダウンロード	下载 シャザイ
（メールを） 送信する	发送 ファソン	体温計	体温计 ティウェンジー	タオル	毛巾 マオジン
騒々しい	吵 チャオ	大学	大学 ダーシュエ	高い（高さ）	高 ガオ
送付先	邮寄地址 ヨウジーディジー	大学生	大学生 ダーシュエション	高い（値段）	贵 グイ
ソウル ミュージック	灵魂音乐 リンフンインユエ	退屈する	无聊 ウーリャオ	滝	瀑布 プープー
速達	快递 クァイディ	滞在する	停留 ティンリウ	炊く	煮 ジュー
速度計	速度计 スゥドゥジー	滞在期間	停留时间 ティンリウシージェン	たくさんの	很多的 ヘンドゥオダ
速報	速报 スーバオ	大寺院	大寺庙 ダースーミャオ	タクシー	出租车 チュズーチョー
底	底 ディ	大使館	大使馆 ダーシーグワン	タクシー 乗り場	出租车站 チュズーチョージャン
素材	材料 ツァイリャオ	体質	体质 ティジー	託児所	托儿所 トゥオアルスォ
卒業	毕业 ビーイェ	大丈夫	没问题 メイウェンティ	宅配便	快递 クァイディ
率直な	坦率的 タンシュアイダ	大聖堂	大教堂 ダージャオタン	助ける	帮助 バンジュー
外	外面 ワイミェン	大切な	重要的 ジョンヤオダ	正しい	正确 ジョンチュエ
ソファ	沙发 シャーファー	体操	体操 ティツァオ	立ち見席	站席 ジャンシー
ソフトウェア	软件 ルアンジェン	大統領	大总统 ダーゾントン	立つ	站立 ジャンリー
ソプラノ	女高音 ニュガオイン	台風	台风 タイフェン	竜巻	龙卷风 ロンジュアンフェン
空	天空 ティエンコン	タイヤ	轮胎 ルンタイ	脱脂綿	脱脂棉 トゥオジーミェン
（〜を） 尊敬する	尊敬 ズンジン	ダイヤモンド	钻石 ズワンシー	建物	建筑 ジェンジュー

176

日本語	中国語・読み		日本語	中国語・読み		日本語	中国語・読み
建てる	建 ジェン		団体旅行	団体旅行 トゥンティリュシン		地図	地図 デイトゥ
楽しい	快乐 クァイロー		暖房	暖气 ヌゥンチー		父	父亲 フーチン
タバコ	烟 イェン					チップ	小费 シャオフェイ
タバコを吸う	吸烟 シーイェン		**ち**			チップ(カジノでのゲームコイン)	筹码 チョウマー
ダブルクリック	双击 シュアンジー		血	血 シェ		地方	地方 ディファン
ダブルルーム	双人间 シュアンレンジェン		地域	地区 ディチュ		着陸	降落 ジャンルオ
食べる	吃 チー		小さい	小 シャオ		チャット	聊天 リャオティエン
打撲	打伤 ダーシャン		チーズ	奶酪 ナイラオ		チャンス	机会 ジーフイ
卵	鸡蛋 ジーダン		チェックアウト	退房 トゥイファン		注意	注意 ジューイー
タマネギ	洋葱 ヤンツォン		チェックアウトの時間	退房时间 トゥイファンシージェン		中学生	中学生 ジョンシュエション
試す	试验 シーイェン		チェックイン	入住 ルージュー		中型車	中型车 ジョンシンチョー
足りない	不足 ブーズゥ		地下	地下 ディシャ		中学校	中学 ジョンシュエ
単語	词语 ツーユー		近い	近 ジン		中くらい	中等程度 ジョンドンチョンドゥ
炭酸水	碳酸水 タンスヮンシュイ		近くにある	附近有 フージンヨウ		中国	中国 ジョングォ
炭酸なしの水	无碳酸水 ウータンスヮンシュイ		地下鉄	地铁 ディティエ		中国産	中国产 ジョングォチャン
男女	男女 ナンニュ		地下鉄駅	地铁站 ディティエジャン		中国料理	中餐 ジョンツァン
誕生日	生日 ションリー		地下鉄路線図	地铁路线图 ディティエルーシェントゥ		中古品	二手货 アルショウフォ
男女共同	男女通用 ナンニュトンヨン		近道する	走近路 ゾウジンルー		注射	打针 ダージェン
タンス	衣柜 イーグイ		地球	地球 ディチウ		駐車禁止	禁止停车 ジンジーティンチョー
団体	団体 トゥンティ		チケット	票 ピャオ		駐車場	停车场 ティンチョーチャン
			チケットショップ	售票处 ショウピャオチュ			

177

駐車する	停車 ティンチョー	追加する	追加 ジュイジャ	て	
駐車料金	停車費 ティンチョーフェイ	追加料金	追加費用 ジュイジャフェイヨン	提案	建议 ジェンイー
昼食	午饭 ウーファン	ツインルーム	双人间 シュアンレンジェン	ティッシュ	面巾纸 ミェンジンジー
注文	订货 ディンフォ	通行止め	禁止通行 ジンジートンシン	Tシャツ	T恤 ティーシュ
注文する	订货 ディンフォ	通訳する	翻译 ファンイー	ティーバッグ	袋泡茶 ダイパオチャ
長距離	长途 チャントゥ	通路側の席	靠过道的座位 カオグオダオダズオウェイ	ディーラー (賭け事)	庄家 ジュアンジャ
彫刻	雕刻 ディアオクー	疲れる	累 レイ	庭園	庭园 ティンユェン
彫刻家	雕刻家 ディアオクージャ	月	月 ユェ	定価	定价 ディンジャ
頂上	顶峰 ディンフェン	次の	下面的 シャミェンダ	テイクアウト (持ち帰り)	打包 ダーパオ
朝食	早餐 ザオツァン	月日	日期 リーチー	定刻	正点 ジョンディエン
調味料	调料 ティアオリャオ	机	桌子 ジュオズ	出入国管理	出入境管理 チュルージングァンリー
チョコレート	巧克力 チャオクーリー	伝える	告诉 ガオス	定食	套餐 タオツァン
直行バス	直达客车 ジーダークーチョー	続ける	继续 ジーシュ	停留所 (バスの)	车站 チョージャン
直行便	直达航班 ジーダーハンバン	包んで	包 パオ	テーブル	桌子 ジュオズ
治療	治疗 ジーリャオ	爪	指甲 ジージャ	テーブル クロス	桌布 ジュオプー
鎮痛剤	止痛药 ジートンヤオ	爪切り	指甲刀 ジージャダオ	手紙	信 シン
陳列台	柜台 グイタイ	冷たい	冷 レン	(~で)出来 ている	用~做的 ヨン ズオダ
つ		梅雨	梅雨 メイユー	出口	出口 チューコウ
ツアー	旅行 リウシン	強い	强 チャン	デザート	甜品 ティエンピン
ツアー料金	旅行费用 リウシンフェイヨン	釣り銭	零钱 リンチェン	デザート スプーン	甜品勺 ティエンピンシャオ

デザイナー	设计师 ショージーシー	テロ	恐怖主义 コンブージュイー	転落	掉落 ディアオルオ
デザイン	设计 ショージー	手をつなぐ	手拉手 ショウラーショウ	展覧会	展览会 ジャンランフイ
デジタル カメラ	数码照相机 シューマージャオシャン ジー	店員	店员 ディエンユエン	電話	电话 ディエンファ
手数料	手续费 ショウシュフェイ	天気	天气 ティエンチー	電話代	电话费 ディエンファフェイ
哲学	哲学 ジェシュエ	電気	电灯 ディエンドン		
手作りの	手制的 ショウジーダ	電気製品	电器产品 ディエンチーチャンピン	**と**	
手伝う	帮忙 バンマン	天気予報	天气预报 ティエンチーユーバオ	ドア	门 メン
鉄道駅	火车站 フオチョージャン	伝言	口信 コウシン	ドアマン	门童 メントン
テニス	网球 ワンチウ	展示	展示 ジャンシー	トイレ	厕所 ツースォ
テニスコート	网球场 ワンチウチャン	展示する	展示 ジャンシー	トイレット ペーパー	手纸 ショウジー
テニスボール	网球 ワンチウ	電子レンジ	微波炉 ウェイボールー	動画	动画 ドンファ
手荷物	随身携带行李 スイシェンシェダイシン リー	電車	电车 ディエンチョー	唐辛子	辣椒 ラージャオ
手荷物 預かり札	行李牌儿 シンリーパアル	天井	屋顶 ウーディン	同級生	同学 トンシュエ
手荷物 預かり所	行李寄存处 シンリージーツンチュ	電池	电池 ディエンチー	陶磁器店	瓷器店 ツーチーディエン
デパート	百货商店 バイフォシャンディエン	テント	帐篷 ジャンペン	搭乗	乘机 チョンジー
手袋	手套 ショウタオ	伝統	传统 チュアントン	搭乗ゲート	乘机门 チョンジーメン
寺	寺庙 スーミャオ	伝統行事	传统活动 チュアントンフォドン	搭乗券	乘机卡 チョンジーカー
テレビ	电视 ディエンシー	伝統工芸	传统工艺 チュアントンゴンイー	搭乗時間	乘机时间 チョンジーシージェン
照れる	害羞 ハイシウ	電報	电报 ディエンバオ	銅像	铜像 トンシャン
		展望台	瞭望台 リャオワンタイ	到着	到达 ダオダー

179

到着が遅い	迟到 チーダオ	とっておく	留 リウ	トランペット	小号 シャオハオ
到着時間	到达时间 ダオダーシージェン	届ける	送 ソン	鳥	鸟 ニャオ
到着する	到达 ダオダー	とどまる	停 ティン	取扱い注意	小心轻放 シャオシンチンファン
盗難証明書	被盗证明书 ベイダオジョンミンシュ	どのくらい	什么程度 シェンマチョンドゥ	取り替える	替换 ティファン
糖尿病	糖尿病 タンニャオビン	徒歩	走路 ゾウルー	取り消す	取消 チュシャオ
動物	动物 ドンウー	とまどう	踌躇 チョウチュ	鶏肉	鸡肉 ジーロウ
動物園	动物园 ドンウーユェン	停まる	停 ティン	トレーナー	教练 ジャオリエン
同僚	同事 トンシー	泊まる	住 ジュー	ドレス	礼服 リーフー
道路	道路 ダオルー	友だち	朋友 ペンヨウ	泥棒	小偷 シャオトウ
遠い	远 ユェン	ドライアイス	干冰 ガンビン	**な**	
トースト	土司 トゥスー	ドライ クリーニング	干洗 ガンシー	内科医	内科医生 ネイクーイーション
通り	街道 ジェダオ	ドライブ	兜风 ドウフェン	内線	内线电话 ネイシェンディエンファ
都会の	都市的 ドゥシーダ	ドライヤー	吹风机 チェイフェンジー	ナイトクラブ	夜总会 イエゾンフイ
特産品	特产 テェチャン	ドラッグ ストア	药店 ヤオディエン	ナイトツアー	夜游 イエヨウ
読書灯	台灯 タイドン	トラブル	冲突 チョントゥ	ナイト テーブル	床头柜 チュアントウグイ
特徴	特点 テェディエン	トラベラー ズ・チェック	旅行支票 リュシンジーピャオ	ナイフ	小刀 シャオダオ
特別行事	特别活动 テェビエフォドン	ドラマ	电视剧 ディエンシージュ	ナイロン	尼龙 ニーロン
時計	表 ビャオ	ドラム	鼓 グー	治す	治 ジー
時計店	表店 ビャオディエン	トランク(自 動車の)	后车厢 ホウチョーシャン	長い	长 チャン
図書館	图书馆 トゥシューグァン	トランプ	扑克 ブークー	長袖	长袖 チャンシウ

中身	内容 ネイロン
眺め	景色 ジンスー
眺めがよい	景色好 ジンスーハオ
泣く	哭 クー
夏	夏天 シャティエン
夏休み	暑假 シュージャ
何か	什么 シェンマ
ナプキン	纸巾 ジージン
名札	名签 ミンチェン
鍋	锅 グォ
名前	名字 ミンズ
生もの	生的 ションダ
波	波浪 ボーラン
軟膏	软膏 ルァンガオ
何でも	什么都 シェンマドウ

に

似合う	合适 ホーシー
匂う	闻到 ウェンダオ
苦い	苦 クー
2階	二楼 アルロウ

2階席 (劇場の)	二楼座位 アルロウズオウェイ
2階前方席 (劇場の)	二楼前面座位 アルロウチェンミェンズ オウェイ
逃がす	放走 ファンゾウ
ニキビ	粉刺 フェンツー
賑やかな	热闹的 レーナオダ
西	西 シー
24時間営業	24小时营业 アルスーシャオシーインイェ
偽物	假货 ジャフォ
日用品	日用品 リーヨンピン
日食	日食 リーシー
日記	日记 リージー
2等	2等 アルドン
日本	日本 リーベン
日本語	日语 リーユー
日本車	日本车 リーベンチョー
日本人	日本人 リーベンレン
日本大使館	日本大使馆 リーベンダーシーグァン
日本の連絡先	日本的联络方式 リーベンダリェンルオフ ァンシー
日本料理	日本菜 リーベンツァイ

荷物	行李 シンリー
荷物受取所	行李托运处 シンリートゥオユンチュ
荷物棚	行李架 シンリージャ
荷物引取り	领取行李 リンチュシンリー
入学	入学 ルーシュエ
入国	入境 ルージン
入国カード	入境卡 ルージンカー
入国管理	入境管理 ルージングァンリー
入国審査	入境审查 ルージンシェンチャ
入国目的	入境目的 ルージンムーディー
入場料	入场费 ルーチャンフェイ
ニュース	新闻 シンウェン
入力する	输入 シュールー
尿	尿 ニャオ
庭	院子 ユェンズ
人気	人气 レンチー
人形	人偶 レンオウ
人数	人数 レンシュー
ニンニク	大蒜 ダースアン
妊婦	孕妇 ユンフー

	ぬ	農業	农业 ノンイェ	バー	酒吧 ジウバー
盗まれた 品物	被盗物品 ベイダオウービン	脳しんとう	脑震荡 ナオジェンダン	バーゲン	打折 ダージェ
ぬるい	温 ウェン	脳卒中	中风 ジョンフォン	パーティ	晚会 ワンフイ
濡れる	湿 シー	のどが痛い	嗓子疼 サンズトン	ハード ウェア	硬件 インジェン
	ね	飲み物	酒水 ジウシュイ	肺炎	肺炎 フェイイェン
ネクタイ	领带 リンダイ	飲む	喝 ホー	バイオリン	小提琴 ショウティチン
猫	猫 マオ	のり	乘坐 チョンズォ	バイキング	自助餐 ズージューツァン
ネズミ	老鼠 ラオシュ	乗り換え	换乘 ファンチョン	灰皿	烟灰缸 イェンフイガン
値段	价格 ジャグー	乗り換え券	换车票 ファンチョービャオ	配送	发送 ファソン
熱	发烧 ファシャオ	乗り換える	换乘 ファンチョン	売店	小卖部 シャオマイブー
熱狂的な	狂热的 クァンレーダ	乗り込む	坐 ズォ	俳優	演员 イェンユェン
ネックレス	项链 シャンリェン	乗りそこなう	没来得及坐 メイライダジーズォ	入る	进 ジン
値引き	折扣 ジェコウ	乗り継ぎ(ト ランジット)	转乘 ジュアンチョン	ハエ	苍蝇 ツァンイン
眠い	困 クン	乗り継ぎ カウンター	转机服务台 ジュアンジーフーウータ イ	ハガキ	明信片 ミンシンピェン
寝る	睡 シュイ			はかり	称 チョン
ねんざ	扭伤 ニウシャン	乗り物酔い	晕船／晕车 ユンチュアン ユンチョー	吐き気	想吐 シャントゥ
年中行事	全年活动 チュアンニェンフォドン	乗る	坐 ズォ	吐く	吐 トゥ
年齢	年龄 ニェンリン	のんびり	悠闲 ヨウシェン	拍手	鼓掌 グージャン
	の		**は**	博物館	博物馆 ボーウーグァン
農家	农民 ノンミン	歯	牙 ヤー	博覧会	博览会 ボーランフイ

バゲージタグ	行李牌 シンリーパイ	バター	黄油 ファンヨウ	晴れ	晴 チン
箱	箱 シャン	肌寒い	凉飕飕 リャンソウソウ	バレエ	芭蕾 バーレイ
はさみ	剪刀 ジェンダオ	ハッキング	黑客 ヘイクー	バレンタインデー	情人节 チンレンジェ
橋	桥 チャオ	バッグ	包 パオ	パロディー	滑稽模仿 ファジーモーファン
箸	筷子 クァイズ	バッテリー	电池 ディエンチー	パン	面包 ミェンパオ
初めての	第一次 ディーイーツー	派手	华丽 ファリー	バン(車)	箱型卡车 シャンシンカーチョー
始める	开始 カイシー	花	花 ファ	ハンガー	衣服挂 イーフーグァ
パジャマ	睡衣 シュイイー	花束	花束 ファシュー	繁華街	商业街 シャンイェジェ
場所	场所 チャンスォ	花火	烟花 イェンファ	ハンカチ	手绢 ショウジュアン
バス	客车 クーチョー	母	母亲 ムーチン	パンク	爆胎 パオタイ
バス	通过 トングォ	歯ブラシ	牙刷 ヤーシュア	番号	号 ハオ
バスタオル	浴巾 ユージン	葉巻	雪茄 シュエジャー	番号案内	号码查询 ハオマーチャシュン
バスタブ	浴池 ユーチー	浜辺	海滩 ハイタン	半ズボン	短裤 ドゥアンクー
バスタブ付き	有浴池 ヨウユーチー	歯磨き粉	牙膏 ヤーガオ	絆創膏	创可贴 チュアンクーティエ
バス(風呂)付き	带浴池 ダイユーチー	早く	快 クァイ	半袖	半袖 バンシウ
バス停	车站 チョージャン	払う(金を)	付 フー	パンダ	熊猫 ションマオ
パスポート(旅券)	护照 フージャオ	パラソル	阳伞 ヤンサン	反対する	反对 ファンドゥイ
バス路線図	客车路线图 クーチョールーシェントウ	春	春天 チュンティエン	ハンドル	方向盘 ファンシャンパン
パスワード	密码 ミーマー	ハリケーン	飓风 ジュフェン	半日の	半天的 バンティエンダ
パソコン	电脑 ディエンナオ	バルコニー	阳台 ヤンタイ	ハンバーガー	汉堡 ハンパオ

183

パンフレット	小冊子 シャオツーズ	左	左 ズオ	昼の部	日场 リーチャン
半分	一半 イーバン	左へ曲がる	左转 ズオジュアン	ヒロイン	女主人公 ニュジューレンゴン
	ひ	日付	日期 リーチー	拾う	捡 ジェン
火	火 フォ	引っ越す	搬家 バンジャ	瓶	瓶 ビン
日	日 リー	必要	必要 ビーヤオ	便(航空)	航班 ハンバン
ピアス	耳环 アルファン	ビデオカメラ	摄像机 シェシャンジー	敏感肌	敏感性皮肤 ミンガンシンピーフー
ピアノ	钢琴 ガンチン	ひどく痛い	非常痛 フェイチャントン	貧血	贫血 ピンシュエ
ピーチ	桃子 タオズ	ひとり	一人 イーレン	品質	质量 ジーリャン
ビール	啤酒 ピージウ	1人あたり	平均一人 ピンジュンイーレン	便箋	信纸 シンジー
日帰り観光	一日游 イーリーヨウ	皮膚	皮肤 ピーフー	便名(航空)	航班号 ハンバンハオ
日帰り旅行	一日游 イーリーヨウ	日焼け	晒黑 シャイヘイ		**ふ**
皮革製品	皮革制品 ピーグージーピン	日焼け止め クリーム	防晒霜 ファンシャイシュアン	ファスト フード	快餐 クァイツァン
東	东 ドン	ビュッフェ	自助餐 ズージューツァン	ファックス	传真 チュアンジェン
引く	拉 ラー	費用	费用 フェイヨン	ファン デーション	粉底 フェンディ
髭剃り	剃须刀 ティシュダオ	秒	秒 ミャオ	風景画	风景画 フェンジンファ
飛行機	飞机 フェイジー	病院	医院 イーユェン	ブーツ	靴子 シュエズ
ビザ(査証)	签证 チェンジョン	美容院	发廊 ファラン	封筒	信封 シンフェン
美術館	美术馆 メイシューグァン	病気	病 ビン	プール	泳池 ヨンチー
非常口	安全出口 アンチュアンチュコウ	美容師	理发师 リーファシー	フェリー	渡轮 ドゥールン
非常ボタン	紧急按钮 ジンジーアンニウ	ビル	大楼 ダーロウ	フォーク	叉子 チャーズ

日本語	中国語		日本語	中国語		日本語	中国語
部下	部下 ブーシャ		フライト	飞行 フェイシン		ブログ	博客 ボークー
付加価値税 （VAT）	增值税 ゼンジーシュイ		フライパン	煎锅 ジェングォ		プログラマー	程序员 チョンシュユエン
服	服装 フージュアン		ブラウス	衬衫 チェンシャン		プログラム （演目）	节目 ジェムー
服装のきまり	着装规定 ジュオジュアングイディン		プラグ	插头 チャトウ		ブロック （街区）	街区 ジェチュ
腹痛	肚子痛 ドゥズートン		ブラジャー	文胸 ウェンション		プロデュー サー	策划 ツーファ
含む	含 ハン		フラッシュ	闪光灯 シャングァンドン		プロレス	职业摔胶 ジーイエシュアイジャオ
不合格	不合格 ブーホーグー		フラッシュ 禁止	禁止使用闪光灯 ジンジーシーヨンシャングァンドン		フロント	前台 チェンタイ
婦人科医	妇科医生 フークーイーション		プラット ホーム	站台 ジャンタイ		雰囲気	气氛 チーフェン
婦人用	女性用 ニュシンヨン		プラネタ リウム	天象仪 ティエンシャンイー		文化	文化 ウェンファ
舞台	舞台 ウータイ		フランス料 理	法国菜 ファグォツァイ		文学	文学 ウェンシュエ
物価	物价 ウージャ		ブランド	品牌 ピンパイ		紛失物	丢失物品 ディウシーウービン
二日酔い	宿醉 スーズイ		（パソコン が）フリー ズする	死机 スージー		紛失報告書	丢失报告书 ディウシーバオガオシュ
フットサル	室内足球 シーネイズゥチウ		不良品	不合格产品 ブーホーグーチャンピン		文房具店	文具店 ウェンジュデェン
太い	粗 ツー		プリントア ウトする	打印 ダーイン	 **へ**		
船便	船运 チュアンユン		古い	旧 ジウ		ヘアブラシ	发刷 ファーシュア
船酔い	晕船 ユンチュアン		ブルース	布鲁斯 ブールースー		閉館時間	闭馆时间 ビーグァンシージェン
船	船 チュアン		古本	旧书 ジウシュー		閉鎖	封锁 フェンスォ
船に乗る	坐船 ズォチュアン		ブレーキ	刹车 シャーチョー		平日	平日 ピンリー
冬	冬天 ドンティエン		風呂	浴池 ユーチー		閉店	关店 グァンディエン
冬休み	寒假 ハンジャ					平和	和平 ホーピン

(楽器の)ベース	贝斯 ベイスー	ペンダント	吊坠 ディアオジュイ	ポーター	搬运工 バンユンゴン
ベース	步骤 ブージョウ	ベンチ	长椅 チャンイー	ボート	小船 シャオチュアン
別荘	别墅 ビェシュー	弁当	盒饭 ホーファン	ホームシック	想家 シャンジャ
ベッド	床 チュアン	扁桃腺炎	扁桃体炎 ビェンタオティイエン	ホームステイ	家庭寄宿 ジャティンジースー
ペットボトル	矿泉水瓶 クァンチュアンシュイビン	変な音	怪声 グァイション	ホームページ	网站 ワンジャン
別々に	分别 フェンビェ	便秘薬	便秘药 ビェンミーヤオ	ボールペン	圆珠笔 ユェンジュービー
別々に払う	AA制 エイエイジー	返品する	退货 トゥイフォ	ボクシング	拳击 チュアンジー
別料金	另收费 リンショウフェイ	**ほ**		保険	保险 バオシェン
へび	蛇 ショー	保育園	幼儿园 ヨウアルユェン	保険会社	保险公司 バオシェンゴンスー
ベビーカー	婴儿车 インアルチョー	貿易	贸易 マオイー	歩行者横断注意	注意过路行人 ジューイーグオルーシンレン
部屋	房间 ファンジェン	方角・方向	方位 ファンウェイ	星	星 シン
部屋代	房间费 ファンジェンフェイ	法学	法学 ファシュエ	保証金（前金）	首付 ショウフー
部屋の鍵	房间钥匙 ファンジェンヤオシー	帽子	帽子 マオズ	保証書	保证书 バオジョンシュー
部屋番号	房间号 ファンジェンハオ	宝石	宝石 バオシー	ポスター	海报 ハイバオ
ベルト	腰带 ヤオダイ	宝石店	宝石店 バオシーディエン	ポスト	邮箱 ヨウシャン
ペン	笔 ビー	包装	包装 バオジュアン	ボストンバッグ	波士顿包 ボースードゥンバオ
勉強	学习 シュエシー	包帯	绷带 ベンダイ	細い	细 シー
弁護士	律师 リュシー	暴動	暴动 バオドン	ボタン	纽扣 ニウコウ
便座・便器	座便 ズオビェン	方法	方法 ファンファ	墓地	墓地 ムーディ
弁償	赔偿 ベイチャン	法律	法律 ファリュ	ホッチキス	订书器 ディンシューチー

基本会話

グルメ

ショッピング

ビューティ

見どころ

エンタメ

ホテル

乗りもの

基本情報

単語集

ホットケーキ	烤饼	カオビン
ホットドッグ	热狗	レーゴウ
ポップミュージック	流行音乐	リウシンインユエ
ホテル	酒店	ジウディエン
ホテルリスト	酒店列表	ジウディエンリエビャオ
歩道	人行道	レンシンダオ
哺乳瓶	奶瓶	ナイビン
骨	骨头	グゥトウ
ポロシャツ	保罗衫	バオルオシャン
本	书	シュー
香港	香港	シャンガン
ほんの	真的	ジェンダ
本物	真货	ジェンフォ

ま

マーマレード	橘皮果酱	ジュビーグオジャン
マイク	麦克	マイクー
迷子	迷路	ミールー
前売券	预售票	ユーショウビャオ
前髪	留海	リウハイ
マカオ	澳门	アオメン

曲がる（形状）	弯	ワン
幕間	幕间	ムージェン
枕	枕头	ジェントウ
孫	孙子	スンズ
まずい	难吃	ナンチー
マスタード	黄芥末	ファンジエモー
街／町	城市	チェンシー
待合室	等候室	ドンホーシー
間違う	错误	ツオウー
待つ	等	ドン
マッサージ	按摩	アンモー
マッチ	火柴	フオチャイ
祭り	节日	ジエリー
窓	窗户	チュアンフー
窓側の席	靠窗座位	カオチュアンズオウェイ
マナー	礼节	リージェ
（携帯電話の）マナーモード	静音	ジンイン
マニキュア	指甲油	ジージャヨウ
マフラー	围巾	ウェイジン
迷う（道で）	迷路	ミールー

真夜中	半夜	バンイェ
マヨネーズ	沙拉酱	シャーラージャン
丸い	圆	ユェン
漫画	漫画	マンファ
漫画家	漫画家	マンファジャ
マンション	公寓	ゴンユー
満席	满席	マンシー
満足	满足	マンズゥ
真ん中	正中间	ジョンジョンジェン

み

右	右	ヨウ
右へ曲がる	右转	ヨウジュアン
岬	海岬	ハイジャ
短い	短	ドゥアン
ミシン	缝纫机	フェンレンジー
水	水	シュイ
湖	湖	フー
水着	泳装	ヨンジュアン
水を流す	流水	リウシュイ
店	店	ディエン

味噌	味噌 ウェイツェン	虫	虫子 チョンズ	目薬	眼药 イェンヤオ
道	道路 ダオルー	無地	单一色 ダンイースー	目覚まし時計	闹钟 ナオジョン
道で	在路上 ザイルーシャン	蒸し暑い	闷热 メンレー	目印	标识 ビャオシー
緑	绿色 リュスー	難しい	难 ナン	珍しい	新奇 シンチー
港	港口 ガンコウ	息子	儿子 アルズ	目玉焼き	煎鸡蛋 ジェンジーダン
南	南 ナン	娘	姑娘 グーニャン	メニュー	菜单 ツァイダン
ミニバー	小吧台 シャオバータイ	無制限	无限制 ウーシェンジー	めまいがする	头晕 トウユン
ミネラル ウォーター	矿泉水 クァンチュアンシュイ	無着色	无染色 ウーランスー	メモ	笔记 ビージー
身分証明書	身份证 シェンフェンジョン	無添加	无添加 ウーティエンジャ	綿	棉 ミェン
脈拍	脉搏 マイボー	村	村子 ツンズ	麺	面 ミェン
ミュージカル	歌剧 グージュ	無料	免费 ミエンフェイ	免許証	驾照 ジャジャオ
見る	看 カン		**め**	免税	免税 ミェンシュイ
民芸品	民间工艺品 ミンジェンゴンイーピン	明細	详细 シャンシー	免税店	免税店 ミェンシュイディエン
民族衣装	民族衣裳 ミンズウイーシャン	名刺	名片 ミンピエン	免税品	免税品 ミェンシュイピン
民族音楽	民族音乐 ミンズウインユェ	名所	名胜 ミンショォ	面接	面试 ミェンシー
	む	メイド	女佣 ニュヨン	綿素材	棉质 ミェンジー
迎えに行く	去接 チュジェ	(その土地の) 名物料理	地方特色菜 ディファンテスーツァイ		**も**
昔ながらの	传统的 チュアントンダ	メール	邮件 ヨウジェン	もう一度	再一次 ザイイーツー
昔話	过去的事情 グオチュダシーチン	眼鏡	眼镜 イェンジン	申し込み	申请 シェンチン
無効	无效 ウーシャオ	眼鏡店	眼镜店 イェンジンディエン	盲腸炎	阑尾炎 ランウェイイェン

毛布	毛毯 マオタン	夜景	夜景 イェジン	郵便	邮件 ヨウジェン	

毛布	毛毯 マオタン	夜景	夜景 イェジン	郵便	邮件 ヨウジェン
モーニング コール	叫醒电话服务 ジャオシンディエンファ フーウー	やけど	烫伤 タンシャン	郵便局	邮局 ヨウジュ
目的地	目的地 ムーディディ	野菜	蔬菜 シュツァイ	郵便番号	邮编 ヨウビェン
文字化け	乱码 ルァンマー	やさしい	友好 ヨウハオ	郵便料金	邮费 ヨウフェイ
もしもし	喂／你好 ウェイ ニーハオ	安い	便宜 ピェンイー	有名	有名 ヨウミン
持ち帰り （テイクアウト）	打包 ダーバオ	安売り店	打折店 ダージェディエン	有名な	有名的 ヨウミンダ
持ち込み 禁止品	禁止携带物品 ジンジーシェダイウービ ン	薬局	药店 ヤオディエン	遊覧船	游船 ヨウチュアン
もっと大きい	更大的 グンダーダ	屋根	房顶 ファンディン	有料トイレ	收费厕所 ショウフェイツースオ
もっと小さい	更小的 グンシャオダ	山	山 シャン	有料道路	收费道路 ショウフェイダオルー
もっと安い	更便宜的 グンピェンイーダ	山側の	靠山的 カオシャンダ	有料の	收费的 ショウフェイダ
もっと良い	更好的 グンハオダ		**ゆ**	床	地板 ディバン
戻ってくる	回来 フイライ	湯	热水 レーシュイ	雪	雪 シュエ
模様	模样 モーヤン	遊園地	游乐园 ヨウレーユェン	輸血	输血 シュシュエ
森	森林 センリン	夕方の便 （航空）	傍晚的航班 バンワンダハンバン	ゆで卵	煮鸡蛋 ジュジーダン
門	门 メン	有効	有效 ヨウシャオ	指輪	戒指 ジェジー
	や	有効期間	有效期限 ヨウシャオチーシェン	夢	梦 メン
焼く	烤 カオ	夕食	晚餐 ワンツァン	ゆるい	松 ソン
役者	演员 イェンユェン	友人	朋友 ベンヨウ		**よ**
約束	约定 ユェディン	ユース ホステル	简易招待所 ジェンイージャオダイスオ	酔う	醉 ズイ
		夕立	暴风雨 バオフェンユー	用具	工具 ゴンジュ

グルメ

ショッピング

ビューティ

見どころ

エンタメ

ホテル

乗りもの

基本情報

単語集

189

洋服タンス	衣橱 イーチュ	予約リスト	预约列表 ユーユェリェビャオ	留学する	留学 リュウシュエ
洋服店 (紳士)	男装店 ナンジュアンディエン	夜	夜晚 イェワン	留学生	留学生 リュウシュエション
洋服店 (婦人)	女装店 ニュジュアンディエン			両替	兑换 ドゥイファン
曜日	星期 シンチー	**ら**		両替所	兑换处 ドゥイファンチュ
幼稚園	幼儿园 ヨウアルユェン	来月	下个月 シャガユェ	料金	费用 フェイヨン
ヨーグルト	酸奶 スァンナイ	来週	下周 シャジョウ	料金表	费用表 フェイヨンビャオ
ヨーロッパ	欧洲 オウジョウ	来年	明年 ミンニエン	料金メーター	计价器 ジージャチー
浴室	浴室 ユーシー	ライター	打火机 ダーフォジー	漁師	渔夫 ユーフー
浴槽	浴池 ユーチー	ライトアップ	照亮 ジャオリャン	領収書	发票 ファビャオ
横	横 ホン	ラケット	球拍 チウパイ	両親	父母 フームー
横になる	躺下 タンシャ	ラジオ	收音机 ショウインジー	料理	菜 ツァイ
予算	预算 ユースアン	(音楽の) ラップ	说唱 シュオチャン	旅行	旅游 リュウヨウ
予定	预定 ユーディン	ラベル	标签 ビャオチェン	旅行会社	旅游公司 リュウヨウゴンスー
夜中	夜晚 イェワン	ランキング	排名 パイミン	離陸	起飞 チーフェイ
予備校	补习班 ブーシーバン	ランプ	灯 ドン	リンス	护发素 フーファスゥ
呼び出しボタン	呼叫钮 フージャオニウ	**り**		**る**	
予約	预约 ユーユェ	離婚	离婚 リーフン	ルームサービス	客房送餐服务 クーファンソンツァンフーウー
予約確認票	预约确认票 ユーユェチュエレンビャオ	リスト	列表 リェビャオ	ルームサービス代	客房送餐服务费 クーファンソンツァンフーウーフェイ
予約する	预约 ユーユェ	リゾート	度假村 ドゥジャツン	ルームメイト	室友 シーヨウ
予約席	预订的座位 ユーディンダズォウェイ	リハビリ	康复 カンフー		
		理由	理由 リーヨウ		

基本会話

グルメ

ショッピング

ビューティ

見どころ

エンタメ

ホテル

乗りもの

基本情報

単語集

| ルーレット | 轮盘赌
ルンパンドゥ |
| 連絡先 | 联络方式
リェンルオファンシー |

れ

冷蔵庫	冰箱 ピンシャン
冷凍食品	冷冻食品 レンドンシーピン
冷房	冷气 レンチー
レイヤー	层 ツォン
レイルパス	火车通票 フオチョートンピャオ
歴史	历史 リーシー
レギュラー	正式的 ジョンシーダ
レゲエ	雷鬼 レイグイ
レコード店	唱片店 チャンピェンディエン
レジ	收款台 ショウクァンタイ
レシート	收据 ショウジュ
レストラン	餐饮店 ツァンインディエン
列車	列车 リエチョー
列車内で	在列车内 ザイリエチョーネイ
連休	连休 リェンシウ
レンズ	镜片 ジンピェン
レンタカー	租赁汽车 ズゥリンチーチョー
連泊する	连续住 リェンシュジュー

ろ

廊下	走廊 ゾウラン
老人	老人 ラオレン
ろうそく	蜡烛 ラージュー
ローマ字	罗马字 ルオマーズー
ロールパン	圆面包 ユェンミェンパオ
路線図	路线图 ルーシェントゥ
ロック	锁 スォ
ロビー （空港の）	候机室 ホウジーシー
ロマン チックな	浪漫的 ランマンダ

わ

ワイシャツ	衬衫 チェンシャン
ワイン	葡萄酒 プータオジウ
ワインリスト	葡萄酒目录 プータオジウムールー
ワインを 一杯	一杯葡萄酒 イーベイプータオジウ
若い	年轻 ニェンチン
忘れる	忘 ワン
割り勘	ＡＡ制 エイエイジー
割り引き	折扣 ジェコウ

割増料金	附加费 フージャフェイ
割れ物	易碎物品 イースイウーピン
ワンピース	连衣裙 リェンイーチュン

191

単語集 (中日)

Chinese ——→ Japanese

ヽ		百货商店 バイフォシャンディエン	デパート	长途客车 チャントウクーチョー	長距離バス
头痛 トウトン	頭痛	再确认 ザイチュエレン	再確認する	风 フェン	風
一		面包房 ミェンバオファン	パン屋	生日 ションリー	誕生日
天气 ティエンチー	天気	表 ビャオ	時計	丢失 ディウシー	紛失
天气预报 ティエンチーユーバオ	天気予報	表 ビャオ	表	用餐 ヨンツァン	食事
下面 シャミェン	下	中风 ジョンフォン	脳卒中	后天 ホウティエン	明後日
无染色 ウーランスー	無着色	中药 ジョンヤオ	漢方薬	后付款 ホウフークアン	後払い
无添加 ウーティエンジャ	無添加	**丨**		身体 シェンティ	体
无碳酸水 ウータンスワンシュイ	炭酸なしの水	申报 シェンバオ	申告	重量 ジョンリャン	重い
开 カイ	開ける	书 シュ	本	乘坐 チョンズォ	乗る
开放时间 カイファンシージェン	開館時間	书店 シュディエン	書店	舞蹈 ウーダオ	舞踊
不对号入座 ブードゥイハオルーズォ	自由席	事故 シーグー	事故	**乙**	
末班车 モーバンチョー	最終列車	事故证明书 シーグーチェンミンシュ	事故証明書	买 マイ	買う
未成年 ウェイチョンニエン	未成年	**丿**		司机 スージー	運転手
世界 シージェ	世界	儿子 アルズー	息子	气温 チーウェン	気温
正点 ジョンディエン	定刻	长 チャン	長い	**亠**	
东 ドン	東	长途电话 チャントウディエンファ	長距離電話	市区 シーチュ	市街

市区地图 シーチュディトゥ	市街地図	冷房 レンファン	冷房	处方 チュファン	処方箋
市内电话 シーネイディエンファ	市内通話	冷冻食品 レンドンシーピン	冷凍食品	**刂**	
市场 シーチャン	市場	冰箱 ビンシャン	冷蔵庫	列车 リェチョー	列車
交换卡 ジャオファンカー	引換証	冷 レン	寒い	剧场 ジュチャン	劇場
交通事故 ジャオトンシーグー	交通事故	凉飕飕 リャンソウソウ	肌寒い	到达 ダオダー	到着
夜间 イェジェン	夜間	**冖**		剃须刀 ティシュダオ	剃刀
夜总会 イェゾンフイ	ナイトクラブ	写 シェ	書く	AA制 エイエイジー	割り勘
高 ガオ	高い	**厂**		**冂**	
高度 ガオドゥ	高さ	厚 ホウ	厚い	内线 ネイシェン	内線
ヽ		厨房 チュウファン	台所	见面 ジェンミェン	会う
关 グァン	閉める	厕所 ツースォ	トイレ	网球 ワンチウ	テニス
关门时间 グァンメンシージェン	閉館時間	**十**		帽子 マオズ	帽子
关店 グァンディエン	閉店	卖完 マイワン	売り切れ	**八**	
兑换处 ドゥイファンチュ	両替所	博物馆 ボーウーグァン	博物館	公交车站 ゴンジャオチョージャン	バス停
单程 ダンチョン	片道	**匚**		公司 ゴンスー	会社
前台 チェンタイ	フロント	牙刷 ヤーシュア	歯ブラシ	公寓 ゴンユー	アパート
ゝ		医生 イーション	医者	**入**	
冰 ビン	氷	医院 イーユェン	病院	入口 ルーコウ	入口
决定 ジュエディン	決める	**卜**		入住 ルージュ	チェックイン
冰激凌 ビンジーリン	アイスクリーム	上面 シャンミェン	上	入境卡 ルージンカー	入国カード

193

入境管理 ルージングァンリー	入国管理	传真 チュアンジェン	ファクシミリ	信 シン	手紙
入境审查 ルージンシェンチャ	入国審査	价格 ジャグー	値段	信号 シンハオ	信号
入场费 ルーチャンフェイ	入場料	优惠券 ヨウフイジュアン	クーポン	信用卡 シンヨンカー	クレジット カード
ㄖ		伏特加 フーテェジャ	ウォッカ	信封 シンフェン	封筒
今天 ジンティエン	今日	伤 シャン	傷	信息 シンシー	メッセージ
会计 クァイジー	会計	住址 ジュージー	住所	信息杂志 シンシーザージー	情報誌
合计 ホージー	合計	住 ジュー	住む	使用中 シーヨンジョン	使用中
食品店 シーピンディエン	食料品店	住宿客人 ジュースウクーレン	宿泊客	使用费 シーヨンフェイ	使用料
食堂 シータン	食堂	住宿费 ジュースゥフェイ	宿泊料	便利店 ビエンリーディエン	コンビニ
食欲 シーユー	食欲	体质 ティジー	体質	便盆 ビエンペン	便器
亻		体温 ティウェン	体温	便秘药 ビエンミーヤオ	便秘薬
什么时候都 シェンマシーホウドウ	いつでも	体温计 ティウェンジー	体温計	便宜 ビエンイー	安い
化妆水 ファジュアンシュイ	化粧水	体操 ティツァオ	体操	便秘 ビエンミー	便秘
化妆品 ファジュアンピン	化粧品	何时 ホーシー	いつ	借 ジェ	借りる
化妆品公司 ファジュアンピンゴンスー	化粧品会社	保险 バオシェン	保険	俱乐部 ジューレーブー	クラブ
付款通知书 フークァントンジーシュ	請求書	保险柜 バオシェングイ	金庫	修改 シウガイ	修正する
休闲的 シウシェンダ	カジュアルな	保险箱 バオシェンシャン	セーフティ・ ボックス	修理 シウリー	修理する
休息日 シウシーリー	休日	保管 バオグァン	預かる	假的 ジャダ	偽物
休息室 シウシーシー	休憩室	保管的行李 バオグァンダシンリー	預け入れ 荷物	停电 ティンディエン	停電
休假 シウジャ	休暇	保管柜 バオグァングイ	コイン ロッカー	停车 ティンチョー	駐車する

194

停车场 ティンチョーチャン	駐車場	叔叔 シューシュ	叔父	说明书 シュオミンシュ	説明書
停车费 ティンチョーフェイ	駐車料金	难 ナン	難しい	试用品 シーヨンピン	見本
停留 ティンリウ	滞在する	难吃 ナンチー	まずい	调料 ティアオリャオ	調味料
偶然 オウラン	偶然に	皮肤 ピーフー	皮膚	调查 ディアオチャ	調査する
候机室 ホウジーシー	出発ロビー	发烧 ファシャオ	熱	**阝**	
健身房 ジェンシェンファン	ジム	发票 ファピャオ	領収書	阿司匹林 アースーピーリン	アスピリン
像 シャン	像	**刀**		邮包 ヨウバオ	小包
勹		免税 ミェンシュイ	免税	邮局 ヨウジュ	郵便局
勺子 シャオズ	スプーン	免税店 ミェンシュイディエン	免税店	邮件 ヨウジェン	郵便
包 バオ	バッグ	免税商品 ミェンシュイシャンピン	免税品	邮费 ヨウフェイ	郵便料金
包装 バオジュアン	包装	免费 ミェンフェイ	無料	邮票 ヨウピャオ	切手
鸟 ニャオ	鳥	危险 ウェイシェン	危険	邮箱 ヨウシャン	ポスト
又		剪刀 ジェンダオ	はさみ	附加费 フージャフェイ	追加料金
双人间 シュアンレンジェン	ツインルーム	**力**		院子 ユェンズ	庭
支票 ジーピャオ	小切手	加油站 ジャヨウジャン	ガソリン スタンド	随身行李 スイシェンシンリー	手荷物
对方付费电话 ドゥイファンフーフェイディ エンファ	コレクト コール	**氵**		陶瓷 タオツー	陶磁器
对号入座 ドゥイハオルーズオ	指定席・ 予約席	订购 ディンゴウ	注文する	**廴**	
鸡蛋 ジーダン	卵	设计 ショージー	デザイン	延期 イェンチー	延期する
鸡肉 ジーロウ	鶏肉	语言 ユーイェン	ことば	**匕**	
鸡尾酒 ジーウェイジウ	カクテル	说 シュオ	話す	北 ベイ	北

195

山		汽车 チーチョー	自動車	油泵 ヨウベン	ガソリン ポンプ
山 シャン	山	汽车租赁 チーチョーズゥリン	レンタカー	治疗 ジーリヤオ	治療
出入境管理 チュルージングァンリー	出入国管理	汽油 チーヨウ	ガソリン	法国菜 ファグオツァイ	フランス 料理
出口 チュコウ	出口	没问题 メイウェンティ	大丈夫	泄漏 シェロウ	漏れる
出国卡 チュグォカー	出国カード	没有意识 メイヨウイーシー	意識が無い	浅 チェン	浅い
出发 チュファ	出発	没来得及坐 メイライダジーズォ	乗りそこなう	浓 ノン	濃い
出发日 チュファリー	出発日	注意 ヂュイー	注意	洞 ドン	穴
出发时间 チュファシージェン	出発時間	河 ホー	川	泻药 シェヤオ	下剤
出租车 チュズーチョー	タクシー	泳池 ヨンチー	プール	洋葱 ヤンツォン	タマネギ
出租车站 チュズーチョージャン	タクシー 乗り場	洗 シー	洗う	浴巾 ユージン	バスタオル
出租车费 チュズーチョーフェイ	タクシー 料金	洗衣 シーイー	クリーニング	浴池 ユーチー	バスタブ
氵		洗衣机 シーイージー	洗濯機	海 ハイ	海
汁 ジー	汁	洗衣费 シーイーフェイ	クリーニング 代	海水浴 ハイシュイユー	海水浴
汇率 フイリュ	為替レート	洗发液 シーファイエ	シャンプー	海峡 ハイシャ	海峡
汗 ハン	汗	洗照片 シージャオピェン	現像	海滩 ハイタン	浜辺
池塘 チータン	池	洗涤 シーディ	洗濯する	波浪 ボーラン	波
沙发 シャーファ	ソファ	洗涤剂 シーディジー	洗剤	清扫中 チンサオジョン	掃除中
沙漠 シャーモー	砂漠	洗涤按钮 シーディアンニゥ	洗浄ボタン	深 シェン	深い
沙滩 シャータン	砂浜	油 ヨウ	オイル	深夜 シェンイェ	深夜
沙拉酱 シャーラージャン	マヨネーズ	油画 ヨウファ	油絵	淡 ダン	薄い色

混乱 フンルアン	混乱	温泉 ウェンチュアン	温泉	实习生 シーシーション	インターン
海关 ハイグァン	税関	温度计 ウェンドゥジー	温度計	家人 ジャレン	家族
海关申报单 ハイグァンシェンバオダン	税関申告書	派出所 バイチュスオ	派出所	家务 ジャウー	家事
消化不良 シャオファブーリャン	消化不良	滑冰 ファビン	アイス スケート	家具 ジャジュ	家具
消防队 シャオファンドゥイ	消防隊	滑雪 ファシュエ	スキー	家庭 ジャティン	家庭
消毒液 シャオドゥイエ	消毒液	演艺人 イェンイーレン	芸能人	寄存员 ジーツンユエン	クローク
消息 シャオシー	情報	演员 イェンユェン	俳優	客人 クーレン	客
酒 ジウ	酒	演奏会 イェンゾウフイ	演奏会	客车 クーチョー	バス
酒水 ジウシュイ	飲み物	潮湿 チャオシー	湿った	密码 ミーマー	暗証番号
酒吧 ジウバー	バー	瀑布 プーブー	滝	宽敞 クァンチャン	広い
酒馆 ジウグァン	居酒屋	**↑**		**广**	
酒精 ジウジン	アルコール	性别 シンビエ	性別	广告 グァンガオ	広告
酒精类 ジウジンレイ	アルコール類	快递 クァイディ	速達	床 チュアン	ベッド
酒店 ジウディエン	ホテル	慢慢地 マンマンダ	ゆっくりと	店 ディエン	店
淋浴 リンユー	シャワー	**宀**		麻 マー	麻
液体 イエティ	液体	安全 アンチュアン	安全	座位 ズゥェイ	席
游泳 ヨウヨン	泳ぐ	安全出口 アンチュアンチュコウ	非常口	座位号 ズゥェイハオ	座席番号
游客 ヨウクー	観客	安全带 アンチュアンダイ	シートベルト	麻醉 マーズイ	麻酔
游船 ヨウチュアン	遊覧船	空手道 コンショウダオ	空手	**门**	
温 ウェン	ぬるい	宝石 バオシー	宝石	闹钟 ナオジョン	目覚まし時計

	辶		选 シュアン	選ぶ	差价 チャジャ	差額
过 グォ	過ぎる	退币杆 トゥイビーガン	硬貨返却 レバー		**土**	
过去 グォチュ	昔	退货 トゥイフォ	返品する	土 トゥ	土
过劳 グォラオ	過労	退房 トゥイファン	チェック アウト	寺庙 スーミャオ	寺
过敏 グォミン	アレルギー	退房时间 トゥイファンシージェン	チェックア ウトの時間	地下 ディシャ	地下
过敏的 グォミンダ	アレルギーの	退烧药 トゥイシャオヤオ	解熱剤	地址 ディジー	住所・宛先
进入 ジンルー	入る	适配器 シーベイチー	アダプター	地区 ディチュ	地域
远 ユェン	遠い	追加 ジュイジャ	追加する	地方 ディファン	地方
运动 ユンドン	スポーツ	追加费用 ジュイジャフェイヨン	追加料金	地图 ディトゥ	地図
运动鞋 ユンドンシェ	運動靴	通话中 トンファジョン	通話中	地面 ディミェン	地面
运费 ユンフェイ	運賃	退烧药 トゥイシャオヤオ	解熱剤	地板 ディバン	床
迟到 チーダオ	遅れる	遗失物品管理处 イーシーウービングァン リーチュ	遺失物 取扱所	地铁 ディティエ	地下鉄
这里 ジェリ	ここ	通知栏 トンジーラン	掲示板	地铁站 ディティエジャン	地下鉄駅
这个月 ジェイガュェ	今月	道路 ダオルー	道	地球 ディチウ	地球
这周 ジェジョウ	今週	道路地图 ダオルーディトゥ	道路地図	地毯 ディタン	カーペット
送 ソン	送る	遇见 ユージェン	会う	地震 ディジェン	地震
连衣裙 リエンイーチュン	ワンピース	邀请 ヤオチン	招待	坦率的 タンシュアイダ	率直な
连休 リエンシウ	連休		**工**		垃圾 ラージー	ごみ
连续住 リエンシュジュー	連泊する	左边 ズォビエン	左	垃圾箱 ラージーシャン	ごみ箱
迪斯科 ディスーコー	ディスコ			场所 チャンスォ	場所

坡 ポー	丘	葡萄酒目录 プータオジウムールー	ワインリスト	打折 ダージェ	バーゲン
城市 チョンシー	街／町	薄 バオ	薄い(厚さ)	打折店 ダージェディエン	安売り店
城堡 チョンバオ	城	**大**		打包 ダーバオ	テイクアウト (持ち帰り)
堵车 ドゥーチョー	渋滞	大米 ダーミー	米	打火机 ダーフォジー	ライター
增值税 ゼンジーシュイ	付加価値税 (VAT)	大爷 ダーイェ	伯父	托儿所 トゥオアルスォ	託児所
墙壁 チャンビー	壁	大使馆 ダーシーグァン	大使館	托付 トゥオフー	任せる
墙壁纸 チャンビージー	壁紙	大蒜 ダースァン	ニンニク	扩大 クォダー	拡大する
艹		套 タオ	セット	找 ジャオ	探す
节日 ジェリー	祭り	套餐 タオツァン	セット メニュー	找零 ジャオリン	おつり
花粉过敏 ファフェングォミン	花粉症	**子**		护照 フージャオ	パスポート (旅券)
苏打水 スゥダーシュイ	炭酸水	存款 ツンクァン	預金	技师 ジーシー	技師
英语 インユー	英語	学生 シュエション	学生	技术 ジーシュー	技術
药 ヤオ	薬	学校 シュエシャオ	学校	折扣 ジェコウ	割り引き
药店 ヤオディエン	薬局	**尸**		拖鞋 トゥオシェ	スリッパ
菜 ツァイ	料理	尺寸 チーツン	サイズ	拒绝 ジュジュエ	ことわる
菜 ツァイ	おかず	展览会 ジャンランフィ	展覧会	招待 ジャオダイ	もてなす
菜单 ツァイダン	メニュー	**扌**		扭伤 ニウシャン	ねんざ
萝卜 ルオボ	大根	扑克 プークー	トランプ	拉 ラー	引く
营业中 インイェジョン	営業中	打针 ダージェン	注射	拉面 ラーミェン	ラーメン
营业时间 インイェシージェン	営業時間	打电话 ダーディエンファ	電話をかける		

护士 フーシー	看護師	接触 ジェチュ	接続	口	
护发素 フーファスー	リンス	掉 ディアオ	落とす	口红 コウホン	口紅
拱廊 ゴンラン	アーケード	授权货币兑换商 ショウチェンフォビード ウイファンシャン	公認両替商	口香糖 コウシャンタン	ガム
拇指 ムージー	親指	授课 ショウクー	講義	可能 クーノン	可能
挂号 グァハオ	書留	推 トゥイ	押す	可爱 クーアイ	かわいい
按摩 アンモー	マッサージ	推荐 トゥイジェン	推薦	另收费 リンショウフェイ	別料金
指甲 ジージャ	爪	推销员 トゥイシャオユェン	セールスマン	右边 ヨウビエン	右
指甲刀 ジージャダオ	爪切り	握手 ウォショウ	握手する	叫醒电话服务 ジャオシンディエンファ フーウー	モーニング コール
指甲油 ジージャヨウ	マニキュア	提问 ティウェン	質問	名片 ミンピェン	名刺
插座 チャズオ	コンセント	捐赠 ジュアンゼン	寄付	名字 ミンズ	名前
换乘 ファンチェン	乗り換え	携带物品 シェダイウービン	所有物	吐 トゥ	吐く
捡 ジェン	拾う	搬运工 バンユンゴン	ポーター	吹风机 チュイフェンジー	ドライヤー
换 ファン	かえる	摄像机 シェシャンジー	ビデオカメラ	吵 チャオ	うるさい
披肩 ピージェン	スカーフ	小		吸烟席 シーイェンシー	喫煙席
报纸 バオジー	新聞	小心轻放 シャオシンチンファン	取り扱い注意	咨询处 ズーシュンチュ	案内所
投币式自动存放柜 トウビーシーズードンツ ンファングイ	コイン ロッカー	小册子 シャオツーズ	パンフレット	售票处 ショウピャオチュ	切符売り場
接纳 ジェナー	受け入れる	小偷 シャオトウ	泥棒・スリ	啤酒 ビージウ	ビール
接待 ジェダイ	受付	当天 ダンティエン	当日	哮喘 シャオチュアン	ぜんそく
接待员 ジェダイユェン	コンジェル ジュ	当地时间 ダンディシージェン	現地時間	咖啡 カーフェイ	コーヒー
接送 ジェソン	送り迎え	紫菜 ズーツァイ	のり	咖啡厅 カーフェイティン	喫茶店

200

基本会話
グルメ
ショッピング
ビューティ
見どころ
エンタメ
ホテル
乗りもの
基本情報
単語集

口

因特网 インテワン	インターネット
困难 クンナン	困る
回忆 フイイー	思い出
回数券 フイシュージュアン	回数券
图书馆 トゥシューグァン	図書館
图画文字 トゥファウェンズー	（メールなどで使う）絵文字
国家 グオジャ	国
国际驾照 グオジージャジャオ	国際運転免許証
国际航班 グオジーハンバン	国際線
国籍 グォジー	国籍

彳

往返票 ワンファンピャオ	往復切符

饣

饮料 インリャオ	飲み物
饭 ファン	ごはん
饭店 ファンディエン	レストラン

女

女儿 ニュアル	娘
好吃 ハオチー	おいしい

始发车 シーファチョー	始発電車
妻子 チーズ	妻
姑妈 グーマー	伯母
婶婶 シェンシェン	叔母

犭

狗 ゴウ	犬
猫 マオ	猫
猪肉 ジュロウ	豚肉

纟

红色 ホンスー	赤
红茶 ホンチャ	紅茶
纪念日 ジーニエンリー	記念日
纸杯 ジーベイ	紙コップ
纸袋 ジーダイ	紙袋
结帐 ジェジャン	会計・勘定
统一销售价 トンイーシャオショウジャ	正札価格
绷带 ベンダイ	包帯
编织 ビエンジー	編物

贝

贫血 ピンシュエ	貧血

贵 グイ	高い(値段)
贵重物品 グイジョンウービン	貴重品
资料 ズーリャオ	書類
购物 ゴウウー	買い物
赌博 ドゥボウ	カジノ

灬

热 レー	熱い
热水 レーシュイ	湯
煮 ジュー	炊く
照片 ジャオピエン	写真
照亮 ジャオリャン	ライトアップ
熊猫 ションマオ	パンダ

攵

收取 ショウチュ	受け取る
收音机 ショウインジー	ラジオ
收费 ショウフェイ	料金
收费表 ショウフェイビャオ	料金表
收费的 ショウフェイダ	有料の
效果 シャオグォ	効果
救生衣 ジウシェンイー	救命胴衣

教会 ジャオフイ	教会	焼酒 シャオジウ	焼酎	**戸**	
复印 フーイン	コピー	烫发 タンファ	パーマ	房间 ファンジェン	部屋
数码相机 シューマーシャンジー	デジタル カメラ	熨斗 ユンドウ	アイロン	房间送餐服务 ファンジェンソンツァン フーウー	ルーム サービス
方		**心**		房间费 ファンジェンフェイ	部屋代
方向 ファンシャン	方角	总统 ゾントン	大統領	房间号 ファンジェンハオ	部屋番号
方便 ファンビエン	インスタント	急 ジー	急ぐ	房顶 ファンディン	屋根
旅行支票 リュシンジーピャオ	トラベラー ズチェック	急救车 ジージウチョー	救急車	肩膀 ジェンパン	肩
旅游 リュヨウ	観光	感冒 ガンマオ	風邪	**木**	
旅游大客 リュヨウダークー	観光バス	感冒药 ガンマオヤオ	風邪薬	朴素 ブースー	地味
旅游飞行 リュヨウフェイシン	遊覧飛行	**王**		机内餐 ジーネイツァン	機内食
旅游手册 リュヨウショウツー	ガイドブック	玩 ワン	遊ぶ	机长 ジージャン	機長
旅游咨询处 リュヨウズーシュンチュ	観光案内所	玩具 ワンジュ	おもちゃ	机票 ジーピャオ	航空券
旅游费用 リュヨウフェイヨン	ツアー料金	玩笑 ワンシャオ	冗談	机场 ジーチャン	空港
火		环境 ファンジン	環境	机场税 ジーチャンシュイ	空港税
火车站 フオチョージャン	駅	玻璃 ボーリ	ガラス	机械 ジーシェ	機械
烟 イェン	たばこ	现在 シェンザイ	今	材料 ツァイリャオ	材質
烟灰缸 イェンフイガン	灰皿	现金 シェンジン	現金	村子 ツンズ	村
烦躁 ファンザオ	いらいらする	理发 リーファ	散髪	杯子 ベイズ	グラス
烤肉 カオロウ	焼肉	斑 バン	シミ	板 バン	板
烧伤 シャオシャン	やけど	理由 リーヨウ	理由	枕头 ジェントウ	枕

相机 シャンジー	カメラ	棉质 ミェンジー	綿素材	旧 ジウ	古い
相册 シャンツー	アルバム	椅子 イーズ	いす	电报 ディエンバオ	電報
相合 シャンヘー	合う	植物 ジーウー	植物	电话 ディエンファ	電話
相同 シャントン	同じ	植物园 ジーウーユェン	植物園	电影 ディエンイン	映画
柔软 ロウルアン	柔らかい	橘皮果酱 ジュピーグォジャン	マーマレード	电话号 ディエンファハオ	電話番号
柜台 グイタイ	カウンター	棒球 バンチウ	野球	电话费 ディエンファフェイ	電話料金
标识 ビャオシー	目印	楼上 ロウシャン	上の階	电脑 ディエンナオ	パソコン
禁止使用闪光灯 ジンジーシーヨンシャングァンドン	フラッシュ禁止	楼下 ロウシャ	下の階	电视 ディエンシー	テレビ
禁止停车 ジンジーティンチョー	駐車禁止	楼梯 ロウティ	階段	电子表格 ディエンズビャオグー	エクセル
禁止摄影 ジンジーシェイン	撮影禁止	橙子 チェンズ	オレンジ	早 ザオ	早い
禁止通行 ジンジートンシン	通行止め	樱花 インファ	桜	早晨 ザオチェン	朝
禁烟 ジンイェン	禁煙	樱桃 インタオ	サクランボ	早餐 ザオツァン	朝食
禁烟席 ジンイェンシー	禁煙席	车		时刻表 シークービャオ	時刻表
桃子 タオズ	ピーチ	车站 チョージャン	停留所（バスの）	明天 ミンティエン	明日
梅雨 メイユー	梅雨	轻 チン	軽い	明信片 ミンシンピェン	はがき
检票口 ジェンピャオコウ	改札口	轮椅 ルンイー	車椅子	明细表 ミンシービャオ	明細書
检疫 ジェンイー	検疫	戈		昨天 ズォティエン	昨日
检查 ジェンチャ	検査	戒指 ジェジー	指輪	显象 シェンシャン	現像
梳子 シューズ	くし	日		景色 ジンスー	景色
棉 ミェン	コットン・綿	日本大使馆 リーベンダーシーグァン	日本大使館	暗 アン	暗い

晴 チン	晴れている	手拉手 ショウラーショウ	手をつなぐ	服务费 フーウーフェイ	サービス料
暖气 ヌアンチー	暖房	手绢 ショウジュアン	ハンカチ	服装 フージュアン	衣装
晚餐 ワンツァン	夕食	手续费 ショウシュフェイ	手数料	服装店 フージュアンディエン	洋服店
最低价 ズイディジャ	最低料金	**毛**		肺炎 フェイイェン	肺炎
ネ		毛巾 マオジン	タオル	胡椒 フージャオ	コショウ
礼貌 リーマオ	礼儀	毛皮 マオピー	毛皮	胡萝卜 フールオボ	ニンジン
牛		毛毯 マオタン	毛布	脉搏 マイボー	脈拍
牛肉 ニウロウ	牛肉	**斤**		胶卷 ジャオジュアン	フィルム
物价 ウージャ	物価	新 シン	新しい	脑震荡 ナオチェンダン	脳しんとう
特快 テエクアイ	特急	新闻 シンウェン	ニュース	胶 ジャオ	接着剤
特别的 テエビエダ	特別な	**灬**		胶带 ジャオダイ	セロテープ
特产 テエチャン	特産品	爱 アイ	愛	脏 ザン	汚い
手		爱好 アイハオ	趣味	脂肪 ジーファン	脂肪
手 ショウ	手	**月**		脖子 ボーズ	首
手工艺品 ショウゴンイーピン	手芸品	有效期 ヨウシャオチー	有効期間	脸 リエン	顔
手工制作的 ショウゴンジーズォダ	手製の	有名的 ヨウミンダ	有名な	脸部护理 リエンブーフーリー	顔のお手入れ
手术 ショウシュー	手術	肌肉 ジーロウ	筋肉	脚 ジャオ	足
手机 ショウジー	携帯電話	肚子痛 ドゥズートン	腹痛	脚边灯 ジャオビエンドン	足元灯
手指 ショウジー	指	肘 ジョウ	肘	脚腕 ジャオワン	足首
手势 ショウシー	ジェスチャー	服务 フーウー	サービス	脱脂棉 トゥオジーミェン	脱脂綿

基本会話

グルメ

ショッピング

ビューティ

見どころ

エンタメ

ホテル

乗りもの

基本情報

単語集

腌制食品 イェンジーシーピン	塩辛
腰 ヤオ	腰
腰围 ヤオウェイ	ウエスト
腰带 ヤオダイ	ベルト
腹泻 フーシェ	下痢

水

水 シュイ	水
水果 シュイグォ	果物
水壶 シュイフー	水筒
水道 シュイダオ	水道
水族馆 シュイズゥグァン	水族館

止

| 止痛药 ジートンヤオ | 鎮痛剤 |
| 整理 ジョンリー | 整理する |

目

目的 ムーディ	目的
目的地 ムーディディ	行き先
眉毛 メイマオ	眉毛
眼药 イェンヤオ	目薬

ネ

衣柜 イーグイ	タンス
补办 ブーバン	再発行
袜子 ワーズ	靴下
裤子 クーズ	ズボン
被盗 ベイダオ	盗難

疒

| 疼 トン | 痛む |
| 疼痛 トントン | 痛み |

石

| 矿泉水 クァンチュアンシュイ | ミネラル ウォーター |
| 硬币 インビー | 硬貨 |

白

| 白 バイ | 白い |
| 白糖 バイタン | 砂糖 |

田

| 番茄酱 ファンチェジャン | ケチャップ |
| 累 レイ | 疲れる |

皿

盐 イェン	塩
蓝 ラン	青い
蓝色 ランスー	青

钅

钓鱼 ディアオユー	釣り
钱 チェン	金（かね）
钱包 チェンバオ	財布
错 ツォ	違う
银 イン	銀
银行 インハン	銀行
铁道 ティエダオ	鉄道

夂

| 餐车 ツァンチョー | 食堂車 |
| 餐饮店 ツァンインディエン | レストラン |

禾

季节 ジージェ	季節
香烟 シャンイェン	タバコ
香皂 シャンザオ	石けん
秘密 ミーミー	秘密

税 シュイ	税金	
程序 チェンシュー	プログラム	

穴

空座 コンズォ	空席
空调 コンティアオ	エアコン

羊

羊肉 ヤンロウ	羊肉

血

血 シェ	血
血压 シュエヤー	血圧
血型 シュエシン	血液型

西

西 シー	西
西式 シーシー	洋式
票 ピャオ	切符・ チケット

竹

笔直 ビージー	まっすぐ
等候室 ドンホウシー	待合室
签名 チェンミン	署名
简易床 ジェンイーチュアン	エキストラ ベッド

筷子 クァイズ	箸
筐 クァン	かご

舌

甜点 ティエンディエン	デザート

自

自由时间 ズーヨウシージェン	自由時間
自行车 ズーシンチョー	自転車
自助餐 ズージューツァン	バイキング
自动售票机 ズードンショウピャオジー	切符自動 販売機
自动售货机 ズードンショウフォジー	自動販売機

页

项链 シャンリエン	ネックレス
预报 ユーバオ	予報
预约 ユーユエ	予約する
预约号 ユーユエハオ	予約番号
预定 ユーディン	予定
预测 ユーツー	予想
预算 ユースアン	予算
领带 リンダイ	ネクタイ
颜色 イェンスー	色

舟

船 チュアン	船
航班 ハンバン	便(航空)
航班号 ハンバンハオ	便名(航空)

耳

耳机 アルジー	イヤホン
耳环 アルファン	イヤリング
取消 チュシャオ	取り消す
职业 ジーイェ	職業
职业棒球 ジーイェバンチウ	プロ野球
联系方式 リエンシーファンシー	連絡先

羽

翻译 ファンイー	通訳する

虫

虾 シャ	エビ
蚊子 ウェンズ	蚊

豆

豆腐 ドウフ	豆腐
登山 ドンシャン	登山
登机 ドンジー	搭乗

登机口号 ドンジーコウハオ	ゲート番号	跑 パオ	走る
登机门 ドンジーメン	搭乗ゲート	跳舞 ティアオウー	踊る
登机卡 ドンジーカー	搭乗券	言	
登机时间 ドンジーシージェン	搭乗時間	警察 ジンチャ	警察
短 ドゥン	短い	警官 ジングァン	警察官
酉		警察局 ジンチャジュ	警察署
酸奶 スァンナイ	ヨーグルト	辛	
醉 ズイ	酔う	辣椒 ラージャオ	唐辛子
醋 ツウ	酢	雨	
酸 スワン	すっぱい	雨 ユー	雨
走		雪 シュエ	雪
走 ゾウ	歩く	非	
走近路 ゾウジンルー	近道する	靠山的 カオシャンダ	山側の
走廊 ゾウラン	廊下	靠海的 カオハイダ	海側の
起 チー	起きる	靠窗的 カオチュアンダ	窓側の
起瓶盖 チーピンガイ	栓抜き	革	
超市 チャオシー	スーパーマーケット	靴子 シュエズ	ブーツ
足		鞋 シェ	靴
足球 ズゥチウ	サッカー		
路线图 ルーシェントゥ	路線図		

基本会話

グルメ

ショッピング

ビューティ

見どころ

エンタメ

ホテル

乗りもの

基本情報

単語集

ことりっぷ co-Trip 会話帖

中国語

STAFF

●編集
ことりっぷ編集部
カルチャー・プロ
星野佐奈絵
●執筆
ことりっぷ編集部
カルチャー・プロ
●写真
ことりっぷ編集部
●表紙
GRiD
●フォーマットデザイン
GRiD
●キャラクターイラスト
スズキトモコ
●本文イラスト
ずんだちるこ
●本文デザイン
GRiD
●DTP制作
明昌堂
●校正
山下さをり
アークコミュニケーションズ

2024年2月1日 2版1刷発行

発行人　川村哲也
発行所　昭文社
本社：〒102-8238東京都千代田区麹町3-1

📞 0570-002060 (ナビダイヤル)
IP電話などをご利用の場合は📞03-3556-8132
※平日9:00～17:00 (年末年始、弊社休業日を除く)

ホームページ https://www.mapple.co.jp/